我们一起解决问题

供应链创新管理译丛

区块链与供应链管理

INTEGRATING BLOCKCHAIN INTO SUPPLY CHAIN MANAGEMENT

A toolkit for practical implementation

[英] 罗姆科·范·霍克 Remko Van Hoek
[美] 布莱恩·福盖特 Brian Fugate
[美] 马拉特·达夫莱辛 Marat Davletshin
[美] 马修·A. 沃勒尔 Matthew A. Waller
著
黄帝 译

人民邮电出版社
北京

图书在版编目（CIP）数据

区块链与供应链管理 / （英）罗姆科·范·霍克
(Remko Van Hoek) 等著 ; 黄帝译. -- 北京 : 人民邮电
出版社, 2022.11
（供应链创新管理译丛）
ISBN 978-7-115-56770-3

Ⅰ. ①区… Ⅱ. ①罗… ②黄… Ⅲ. ①区块链技术－
应用－供应链管理 Ⅳ. ①F252.1

中国版本图书馆CIP数据核字(2021)第125039号

内容提要

各类企业对区块链在供应链中的应用越来越感兴趣，但很多管理者将区块链视为某种具有极高技术门槛的神秘事物，无法从商业应用的视角认识、部署区块链，这阻碍了企业在新的技术和市场环境中进一步释放供应链的潜力。本书作者将带领读者透过围绕着区块链的商业炒作，认识区块链的本质，了解区块链与供应链的关系，进而打造出让区块链在供应链中真正落地的商业案例。本书提供了一个可实际操作的区块链部署框架，该框架涵盖了在部署之前应该做哪些事情、如何组建团队、如何启动试点、如何进入“终止—调整—实施—扩展”的学习循环、在区块链之外应该关注哪些事情等内容。

本书适合各类企业中的供应链管理人员，尤其是希望将区块链引入供应链的管理人员阅读。

◆ 著 ［英］罗姆科·范·霍克（Remko Van Hoek）
［美］布莱恩·福盖特（Brian Fugate）
［美］马拉特·达夫莱辛（Marat Davletshin）
［美］马修·A. 沃勒尔（Matthew A. Waller）
译 黄 帝
责任编辑 陈 宏
责任印制 彭志环
◆人民邮电出版社出版发行 北京市丰台区成寿寺路 11 号
邮编 100164 电子邮件 315@ptpress.com.cn
网址 https://www.ptpress.com.cn
北京市艺辉印刷有限公司印刷
◆开本：720×960 1/16
印张：15.5 2022 年 11 月第 1 版
字数：250 千字 2022 年 11 月北京第 1 次印刷
著作权合同登记号 图字：01-2020-1538号

定 价：89.00 元

读者服务热线：（010）81055656 印装质量热线：（010）81055316
反盗版热线：（010）81055315
广告经营许可证：京东市监广登字20170147号

本译丛专家委员会名单

（按汉语拼音排序）

译者序

区块链是一种应用广泛的新型数据库技术，但有趣的是，它为大家所熟知却源于围绕着加密数字货币的铺天盖地的炒作和人们对“投资”这些加密数字货币所创造的“一夜暴富”神话的狂热痴迷。目前，一提起区块链，人们首先联想到的就是加密数字货币，但实际上很少有人能说清楚区块链与加密数字货币之间到底是什么关系，区块链成了“最熟悉的陌生人”。

区块链提供的是一种分布式存储的加密数据库，用户通过共识机制对这些分散存储的数据达成一致。共识机制使得篡改一个或几个存储节点的数据之类的行为变得毫无意义（除非你能同时篡改所有存储节点的数据），这就是区块链的不可篡改性。因此，使用区块链来记录加密数字货币的交易数据的原因也就不言而喻了。交易的双方彼此可能既不认识也不信任，但只要他们都信任以区块链为基础构建的数字化账本，就可以达成交易。这就是区块链的拥趸们所津津乐道的“无信之信”（Trustless Trust）。当一笔交易完成时，会生成一个新的区块来记录这笔交易，而这个新的区块需要经过区块链所有用户的验证（达成共识）才能够添加到区块链上。加密数字货币为了提高交易的安全性，将这个验证过程变得既复杂又耗时——所有的用户必须通过求解一个复杂的数学问题（通常是 NP 难问题）来达成数学共识（也就是所谓的“挖矿”)。这样做的好处是,“矿工”可以在无需知道新区块内容的前提下参与验证过程,但从某种意义上来说,这是一种无谓地耗费大量的计算机算力及电力能源的行为。

正如本书所说的那样,区块链使用的底层技术并不是全新的技术,其核心部分——分布式数据库和密码学——早在20世纪六七十年代就已经出现了。那么,区块链到底有没有创新价值呢?其实,读者只要想一想苹果手机(iPhone)最初也只不过是数字多媒体播放器(iPod)、手机和互联网移动终端设备的组合体,应该就会有答案了。

现在让我们来谈一谈区块链在供应链管理中的应用。即使是那些对区块链有了一定了解的人们,在被问到这个问题时通常也只会照搬区块链在加密数字货币中的那些应用套路——保障供应链交易安全,确保供应链交易记录不可篡改。然而,这只不过是管中窥豹。

2020年7月,南开大学商学院的李勇建教授以“区块链赋能供应链——挑战、实施路径与展望”为题做了一场非常精彩的在线专题演讲,提出了区块链赋能供应链管理的三种途径:信息共享,信息追溯,信任建立。2021年3月—6月,我面向北京交通大学经济管理学院物流管理专业的研究生开设了区块链与供应链管理课程,组织学生研讨区块链在供应链管理中的潜在应用。结合勇建师兄提出的三种赋能途径,我们总结归纳出了以下三类应用场景。

场景一:信息共享。这是供应链管理中的一个经典话题,信息共享不仅能够减轻牛鞭效应,而且能够促进供应链协同。区块链在该场景下的应用目标是:使供应链中的企业通过区块链平台更快、更准确地分享和获得更多的信息。具体的应用实例包括:马士基集团的TradeLens平台(区块链平台共享数亿条航运信息);运输业务中货运司机、货运车辆和承运人的信息审核和资质审查（区块链平台存储和共享他们的身份证明和资质文件）；进出口报关文件的准备、提交和审查（区块链平台存储和共享贸易单据、进出口证明和相关资料）。

场景二：记录和验证。供应链中的企业有时需要向消费者或其他合作伙伴提供某些业务流程的记录数据或能够证实其产品符合某种特性或满足某种标准的证明。区块链在此类场景下的应用目标是：使供应链上的企业与企业之间、企业与消费者之间建立信任、澄清事实。具体的应用实例包括：冷链物流中的温度控制（例如，生鲜产品、药品和疫苗的运输及存储）；高价值商品的真实性验证（例如，钻石及其他奢侈品的交易、高档艺术品的流通等）；绿色或有机认证（生产和加工过程的记录）；企业合规性证明等。

场景三：追踪与追溯。对供应链中的产品流向进行追踪或溯源，有助于查找问题根源，厘清企业责任，有针对性地解决问题。区块链在此类场景下的具体应用实例包括：易燃易爆危险品的流通监管；食品和药品的安全问题溯源；人道主义救援物资的发放和使用等。

此外，在供应链管理中应用区块链技术还应注意以下几点。

区块链本身并不能自动地帮助你改进供应链的业务流程，提高供应链的绩效水平。如果只是把原来的纸质流程或信息化流程原样照搬到区块链上，那么你将会一无所得。

智能合约并不能使你的供应链管理决策变得睿智，它只是一段可以自动执行的数据库程序（If/Then 语句），最多只能达到与编写它的程序员相当的水平。

区块链的不可篡改性使它成为“不说谎”的技术，但是它并不能阻止使用它的人说谎。设想一下，如果上传到区块链上的信息是虚假的，那将会是什么情况？区块链只能保证这些谎言无法被篡改而已。

在供应链管理中使用的区块链还需要将数字世界与物质世界一一对应地联系起来。例如，对加密数字货币进行所有权转移时只需要在区块链上记录清楚这笔交易就可以了，而供应链中产品的所有权转移不仅需要在区块链上进行相关的操作，还需要在现实世界中确保与数字记录所对应的那批货物真正完成了交接。

本书可供全国高等院校物流管理及相关专业大三、大四本科生及研究生阅读使用，也可供企业的中高级供应链管理人员阅读使用。翻译本书期间恰逢抗击新冠疫情这个特殊的时期，感谢我的父母和家人、领导和同事给予的支持、鼓励和帮助。由于译者水平有限，虽已反复斟酌推敲，仍难免存在疏漏之处，敬请广大读者和各位专家学者批评指正。

最后，我想引用王稼琼校长在北京交通大学 2020 年毕业典礼上的一段讲话："如果明天没有按照预期的方式书写，你们又该如何应对呢？我想和大家说的是，作为传承'知行合一'精神的交大人来讲，前行的路上应该只有一种选择，那就是坦然面对变化，主动拥抱变局。"

本书的翻译出版见证了人类社会在新冠疫情下的自强不息！

黄帝

2021 年 7 月 24 日于北京交通大学红果园

序 言

目前，区块链几乎和宇宙一样神秘。幸好，这些出色的供应链爱好者自发地开展研究并撰写了一本专著，它既可以帮助我们了解区块链，又给我们提供了一个流程去判定使用它是否有意义。

我很荣幸认识其中的三位作者——马修 · A. 沃勒尔、布莱恩 · 福盖特和罗姆科 · 范 · 霍克，已经有好几十年了。这些来自萨姆 · 沃尔顿商学院的兴趣广泛的专家决定研究这个课题，我并不感到奇怪。多年来，萨姆 · 沃尔顿商学院产生了大量优秀的供应链思想、研究和实践知识。作为美国供应链管理专业协会的主席和首席执行官，我亲眼见证了这几位作者如何利用他们的丰富经验影响并将继续影响这个学科的发展。他们使美国供应链管理专业协会乃至整个供应链管理领域不断创新、发展。从很多方面来说，这正是我们这个行业的核心特征。

供应链管理和有线电灯非常相似。我们按下开关，灯就亮了。但是，我们不会给供电公司打电话表示感谢。我们几乎不会花时间去思考灯是怎么亮起来的，除非我们按下开关时灯不亮。与之相似，供应链管理人员什么时候会“接到电话”？当然是供应链出现问题的时候。

但是，这种情况正在发生变化，而且在很多方面都已经发生了变化。这主要是因为，技术方面的革新（如区块链）使供应链专业人士在企业和行业内变得更有话语权。我们目睹了这个领域在全球化的现代企业里从一类亟须管控的成本发展为一种竞争利器。美国的物流总成本在 1980 年约占美国国内生产总值（Gross Domestic Product，GDP）的 16%，而如今这一比例下降为 7.7%（约合 1.5 万亿美元）。我们的生产力和效率变得更高，对技术的运用更加熟练，这使我们可以重新做出部署，将员工分配到附加价值更高的岗位上。

我明白我对这个学科及其影响有所偏爱，但是我坚信供应链管理改善了企业和经济体的财务状况。我们的地位和信誉与日俱增，而技术方面的革新是其中一个重要的原因。数十年来，我们得益于技术换代、衍生系统及构建于其上的不断改进的业务流程。这些业务流程之所以能获得成功，是因为具有革新精神和创造力的领导者敢于冒险、勇于尝试，并利用技术创造了新的、更好的工作方式。任何不能改变经营方式的新技术，都只会给我们带来更加高昂的成本。现代供应链领导者最有资格去证实某项技术到底值不值得利用。

这一切在区块链时代仍将继续，而本书将有助于实现这一切。

正如本书作者所指出的，目前供应链领导者对区块链很感兴趣，但不甚了解，因而更少采取行动。如果区块链像很多人所猜想的那样，能够为更加完善的业务流程提供技术基础，并可供供应链领导者自如运用，那么这种情况无疑将发生改变。如今，各种各样的开拓者和技术的早期实践者正在铺平这条道路。作者采访了其中的许多人（他们来自不同的行业，对区块链有不同的理解），从而为了解区块链的发展现状、所要实现的目标及最佳实现路径提供了基础。通常情况下，这些实践者中的一些人对区块链仍然持怀疑态度，但是其他人在增进了对区块链的了解之后却大幅度地改变了原先的观点。一部分人认同哈佛大学的两位教授马尔科·伊安西提（Marco Iansiti）和卡里姆·拉克汉尼（Karim Lakhani）的说法——区块链可以带来改变，并“为我们的经济和社会系统创建新的基础”。但是，所有人都认为，只有时间才能证明一切，而且我们还有很多东西需要去学习、尝试和证实。

新技术的实施需要花费时间，而且它们通常会产生比已有的业务流程更好的业务流程。但是，一旦它们被创建并投入使用，它们就会变得如此寻常，而我们会开始纳闷过去我们是如何完成这些事情的。保罗·洛西恩（Paul Lothian）是泰森食品公司（Tyson Foods）的一位商业解决方案架构师，他在接受本书作者采访时这样说：“我认为它（区块链）是非常重要的，但是普通人在这项技术真正影响到他们之前并不需要知道它将会影响他们。”

本书适合那些想要领先于区块链知识曲线的企业领导者特别是供应链管理领导者阅读。他们想要了解区块链在供应链中的应用潜力，而且如果发展区块链有意义，他们就会利用这项技术去紧跟（或领先）其竞争对手的步伐。他们可不想被这项技术搞得措手不及，或者落在竞争对手的后面。

如果你适时地回顾过去，就会发现现代供应链中很多固有的技术都经历了这样的探索过程，如早期的射频识别（Radio Frequency IDentification，RFID）技术。对于该技术，既有质疑者，也有早期尝试者，还有真正认为它将带来重大的积极影响的人们。它在当时看起来是不可能的事情，现在却成了全球供应链实践中非常实用的一部分。区块链正处于相似的时期。

在这场有望成为供应链管理的根本性变革的早期阶段，勤奋是至关重要的，而本书作者已经展示了这一点。本书描述了如何应用区块链，以及如何将其应用于供应链管理。透明供应链的概念，即信息可以被所有的关键参与者同时获得且不能被更改，是非常符合逻辑的。本书作者提供了供应链如此难以透明的原因，以及有关供应链实现透明化之后可能的用途的见解。

他们还提供了一个真正的路线图，而起步通常是任何征途中最艰难的一步。他们带领我们熟悉了若干技术的定义，并进入技术用例和试点阶段。重要的是，他们还解释了如何评估试点，并且提供了关于如何处理有可能出现的过多的价值观点的个人见解。

没有人能够无所不知。本书作者以一种易于理解的方式将其研究成果呈现出来，并展现了极大的热情：他们尽其所能探索有关区块链的一切并试图预测未来的选项。那些成功的供应链领导者可能天生就对新技术充满好奇，他们会学习这些内容并做出自己的判断。随着区块链的发展，他们肯定会有所准备。

我有幸在食品行业工作了 25 年，我学习和领导过各种各样的供应链及通过运用新技术而取得巨大进步的企业。我能清楚地回忆起那些自行研究和推行复杂理念的领导者的做法，这些理念中的大多数在今天已经成为现实，使我们都从中受益。这就是作者和这本关于区块链的书正在做的事情。我热爱这门学科，并且充满激情。这本书至关重要，我知道你不仅会喜欢上它，而且会通过阅读它，为踏上区块链的征途做好更充分的准备。

美国供应链管理专业协会主席兼首席执行官

里克 · 布拉斯根（Rick Blasgen）

前 言

阿肯色大学萨姆·沃尔顿商学院已经迅速成了解区块链并评估这项技术的实际商业用途的一流机构。

有趣的是（也许有人会说，奇怪的是），萨姆·沃尔顿商学院的这个进步及作为其副产品的本书的一部分荣誉应该属于加拿大的一对经济学教授夫妇——莱纳德·达德利（Leonard Dudley）和皮埃尔·拉塞尔（Pierre Lasserre）。1989年1月，《欧洲经济评论》（*European Economic Review*）发表了达德利和拉塞尔的一篇文章《信息是库存的替代品》（*Information as a Substitute for Inventories*）。这篇深奥晦涩的论文落到了一位有志向的研究生的手中，那位研究生就是我。这篇论文影响了我后来的职业生涯，并自2015年我担任萨姆·沃尔顿商学院的院长起，也影响了整个学院。此外，它也是我对区块链的兴趣的源泉。

为了简明扼要地解释这种联系，我想先展示达德利和拉塞尔的论文摘要中的一段话：

“北美制造业中库存额与销售额的比例已经下降，但没有出现一些理论模型所预测的未满足订单或价格波动的报复性增长……面对沟通成本的下降，企业将使用信息来替代库存，从而使其生产系统能够消化更多的需求冲击。”

由于需求和前置时间的不确定，企业会持有额外的安全库存。如果沟通可以变得更便宜、更及时、更精确，我们就有可能及早地了解需求的增长情况，以便通过加班生产或更大规模的采购来解决这些问题，从而避免出现缺货。或者，我们有可能早早地了解到一批货将会比预期到得更晚，而不是对迟来的交货感到惊讶。在这些情形下，信息的力量显而易见。然而，这篇论文是在万维网出现之前撰写的，当时大多数人对互联网或电子邮件一无所知。这就是为什么这篇论文如此具有前瞻性和影响力。

在接下来的25年里，我的大部分研究工作都围绕着库存管理和预测及利用信息来改善这两个方面的工作。我甚至就这个专题写了一本书。我的一些研究工作着眼于探寻供应商与买方之间的新型协作方式，以支持用信息来替代库存。其中的一些研究工作涉及使用销售点数据、订单数据和货运数据来改善预测的新方法，从而帮助企业减少对库存的需求。我还研究了不同类型的库存管理系统如何更有效地利用信息来降低库存和改善预测。

这不仅仅是一种学术热忱。我还创立了一家咨询公司和一家辅助性质的软件公司，专门帮助企业运用我的研究成果。我甚至拥有一个用于解决零售货架库存和布局背景下的库存管理和预测问题的技术专利。

随着我的研究工作不断取得进展，越来越明显的一点是，信息还可以替代运输成本、仓储成本、物料搬运成本及许多其他成本。事实上，信息能够降低供应链总成本，使供应链更具效率和弹性。

几年前，当区块链作为与加密数字货币有关的一项技术开始兴起时，它看起来将对信息和货币的流动产生影响。我开始收听播客，并且阅读所有我能找到的资料。我很快意识到，区块链可能会革命性地改变数据的可视性，使信息变得不可更改，并且改善协作和互信。因此，它对供应链效率的影响可能会比它对互联网的影响更加显著。

当我不由自主地尽我所能去钻研区块链的时候，这项技术很快成了萨姆·沃尔顿商学院的一个重要的研究对象。作为院长，我有责任确保学院专注于符合其愿景和使命的事业。正因为我们学院的愿景是成为改变生活的思想领袖和催化剂，我很容易地就接受了学院其他教职工的想法——把我们学院推向区块链及其应用的研究和教学的前沿。例如，我们的卓越区块链中心致力于发掘和分享区块链的创新性用途。该中心的负责人玛丽·拉塞蒂（Mary Lacity）女士基于她的开创性研究工作撰写了著作《企业经理的区块链指南》（*A Manager's Guide to Blockchain for Business*），这是首批聚焦于区块链商业应用的著作之一，而她和她的著作为本书贡献了极为宝贵的见解。

与此同时，我们学院的信息系统系主导了一种跨学科的方法来研究区块链对商科整体及其具体学科（包括供应链管理）的潜在影响。2017 年，信息系统系开办了多个与区块链相关的课程。该系在同一年还举办了首届“区块链黑客马拉松”，让学生和感兴趣的企业伙伴一起研究真正的区块链解决方案。我们学院在 2018 年举办了两场面向区块链商业领导者的大型会议。当年秋天，金融系开设了加密数字货币课程，并举办了第二届“区块链黑客马拉松”。

本书为探索区块链如何应用于供应链管理提供了研究指南，完美地契合了萨姆·沃尔顿商学院的使命及合著者的研究兴趣和专业特长。分享本书介绍的内容可以让我们在供应链管理和区块链领域迈向思想领导者的位置。创作本书所需的研究工作将我们推到了新的极限，而我们相信我们从中学到的经验教训及我们将要在书中分享的内容能够成为改变生活的催化剂。这不仅针对那些将把我们的经验教训付诸实践的供应链专业人士，也针对所有将从更加智能的供应链中获益的人们。

当福盖特和达夫莱辛亲眼见到了一个趋势及一种对应的需求的兴起时，本书的写作就被提上了日程。当然，这个趋势是人们对区块链在整个供应链中的潜在应用越来越感兴趣，这种需求则是商业领导者希望对区块链炒作进行明智的分类，并就是否、何时及如何探索区块链的用途等问题做出可靠的决策。供应链管理系的系主任布莱恩和在网络理论方面具有专业特长的研究生马拉特跟我分享了他们的一些想法和早期研究成果，然后我们很快就达成一致，开始推进本书的写作。几个月后，罗姆科·范·霍克加入了我们的教职队伍，而他的背景及研究兴趣使他顺理成章地成为我们的一个合作伙伴，他的加入推进了我们正在从事的工作。

在大约两年的集中研究中，我们阅读了数不清的著作和文献。我们观看视频、收听播客、参加会议、举办会议、开展自己的调查研究，并且采访了20多位在其组织的供应链中率先使用区块链的领导者。这些组织来自不同的行业和领域，既有像基层农业合作社（Grass Roots Farmers' Cooperative）这样的来自农村地区的农业合作社，也有像国际物品编码协会（Globe Standard 1，GS1）这样的国际标准组织；既有像沃尔玛（Walmart）这样的全球零售巨头，也有像马士基（Maersk）这样的物流巨头。

幸运的是，我和我的合著者都居住在阿肯色州西北部，这里的人们对区块链应用很感兴趣并开展了一系列活动。沃尔玛、J. B. 亨特运输公司（J. B. Hunt Transport）、泰森食品公司和 Arcbest 技术公司，甚至还有我们的州长，都是区块链商业应用的早期观察者，在某些情况下也是先驱者。

这一切使我们能够很容易地联系到那些在供应链中推广区块链的关键领导者。同时，我们也参考了世界上的各种前沿观点。我们不仅探索了这项技术在供应链中的作用，还探索了供应链专业人士在寻求改善业务效率时如何着手开发和测试用例。他们会发现，区块链是一种强大的工具，可以丰富和增强信息的使用方式。如果他们能够有效地使用这些信息，就能很好地改变他们在未来几十年里所要管理的供应链。

阿肯色大学萨姆·沃尔顿商学院院长

马修·A. 沃勒尔

INTEGRATING BLOCKCHAIN INTO
SUPPLY CHAIN MANAGEMENT
A toolkit for practical
implementation

目 录

第 1 章 链之痛 / 1

第一部分
将区块链引入供应网络

第 2 章 区块链入门 / 19

事件链 / 21

区块链可以做什么 / 28

区块链解决方案提供商 / 32

第 3 章 炒作的力量 / 36

只是一个数据库 / 38

从炒作到落地 / 45

第 4 章 区块链的采纳壁垒 / 55

识别障碍 / 57

采纳壁垒 / 59

数字鸿沟 / 71

汉堡包与壁垒 / 72

有待回答的问题 / 74

第二部分
供应链生态系统

第 5 章 供应链的网络化 / 79

嵌入新的想法 / 84

发展过程 / 89

激活通用信息流 / 100

寻找结构洞 / 101

第 6 章 可持续供应链管理 / 107

第 7 章 库存管理 / 113

第 8 章 需求管理 / 122

第9章 供应管理 / 132

第10章 运输管理 / 144

第三部分
什么是区块链用例

第11章 从RFID技术中学习 / 155

第12章 开发用例 / 163

区块链应用的商业案例 / 164
在商业案例之前 / 167

第13章 组建团队 / 179

内部参与者 / 181
业务或供应链合作伙伴 / 182
顾问 / 189

第14章 启动试点 / 194

别管细枝末节 / 198
接下来应该做什么 / 199

第 15 章 进入学习循环 / 201

终止 / 202

调整 / 203

部署 / 204

扩展 / 206

第 16 章 链之外 / 211

从何处开始 / 212

功能改进 / 214

接下来是什么 / 216

附录 A 准备好你的荧光笔 / 217

用例开发的注意事项 / 218

试点设计的考虑因素 / 219

试点结束后的注意事项 / 220

与 RFID 技术的对比 / 222

危险信号 / 223

第1章

链之痛

我们认出了经理脸上的表情：不确定、困惑、焦虑、无助……把这些表情都放到一个桶里，摇一摇，你就会得到我们所看到的大致模样。如果你碰巧此时走进会场，你可能会以为我们正在要求这位经理解释一些不可能解释清楚的事情，例如，“似曾相识”现象的原理是什么，或者如何弄懂一位普通青少年的情感。实际上，我们问的问题更难，我们正在问他关于区块链的事情。

新技术，特别是区块链的出现，为从根本上改变供应网络中的交易记录、信息的存储和使用方式提供了可能。如果目前关于区块链的各种炒作属实，未来将会出现透明供应链，使可视性、责任制、效率、协作和互信等的水平达到一个前所未有的高度。

尽管如此，以同时惠及企业和消费者的方式将这样一场变革引入人们的生活中，可能需要花费很多年进行试验和试错。试错这个部分让许多供应链管理者和决策者紧张不安。在现代商业高速竞争的环境中，试错（甚至是以促进创新发展为名的试错）将耗费许多时间和金钱，而那可能会搭上一家企业的生意。

在了解目前存在的挑战和可能的回报之前，聪明的领导者不会去冒险。这是任何一项影响重大的技术革新都进展得如此艰难的原因。经验丰富的供应链从业者都曾面临向新兴技术的标准看齐的挑战，如电子数据交换（Electronic Data Interchange, EDI），或者实际推广速度比预期慢得多的新技术所带来的挑战，如RFID。与此同时，他们也认识到了新技术可能带来的盈利潜力。因此，当我们和供应链从业者谈起区块链时，他们普遍做出以下回答就不足为奇了："我真的不了解它。我真的不知道用它来做什么。我真的不清楚如何将它应用于我们的业务。如果要或将要把它应用于我们的业务，我只知道我需要'搞定'它。但是对于如何着手，我没有任何头绪。"

凯文·约德（Kevin Yoder）是ArcBest技术公司的创新财务管理部门的副主管，也是成千上万名商业领袖中尝试"搞定"区块链的人之一。约德曾是阿肯色大学萨姆·沃尔顿商学院在2018年承办的一系列区块链会议中的某场会议的小组会议成员，他当时在会上指出，他和他的团队正在努力弄清楚区块链对他们公司的业务产生了什么样的影响。他这样告诉在场的230名与会者："我们正受到整个公司中关注此问题的各方的轰炸。"

与其他领导者一样，约德希望提出一个合理的、对其业务的开展有意义的战略。当这个战略而非技术需要驱动商业决策时，他深知在不了解区块链及如何将其实战化地、有效益地应用于解决实际的供应链问题的前提下，没有人能提出合理的战略。

我们分析和汇总了大量的访谈和研究资料，整理了关于区块链的各种信息，围绕区块链对供应链专家来说到底意味着什么等问题做了讨论，并形成了一些清晰的认识。我们很快意识到，这些供应链专家最需要的是一个工具箱。这个工具箱要能帮助他们了解在其业务中应用区块链的潜力、涉及的风险，以及如何开发和实施能够创造具有潜在价值的新系统和新流程的用例。

这个结论得到了包括我们自己的基准研究在内的一些调研结果的印证。我们调研了来自世界各地的采购和供应链专家，北至芬兰，南至新加坡，西至荷兰，东至美国。我们评价了区块链在供应链中的应用状况，描绘了推广和应用区块链的可能路径。我们的研究结果是有趣的且有启发性的。

图 1.1 中的竖条展示了我们在问卷中提出的 8 个基准问题的平均得分。量表范围为：1 分——根本不符合，3 分——部分符合，5 分——非常符合。

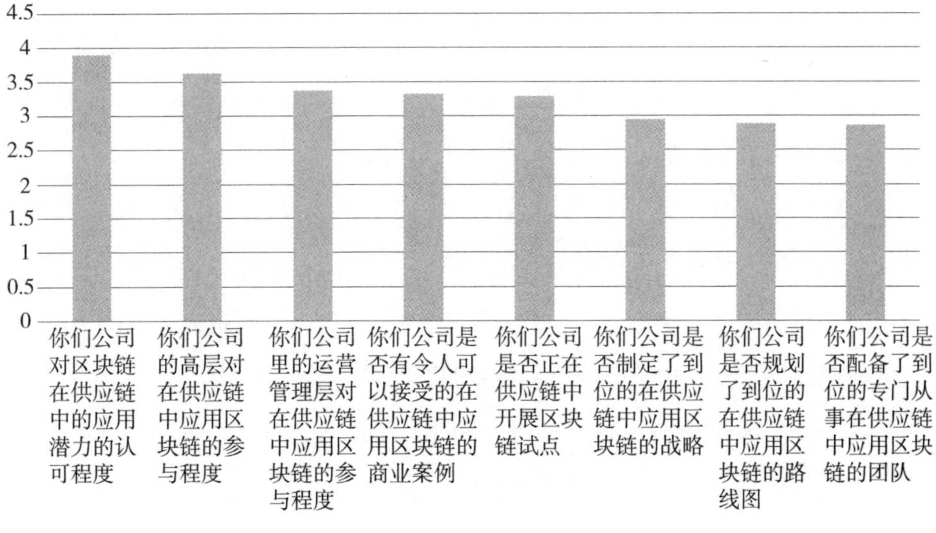

图 1.1 区块链应用状况

前 3 个竖条描绘了“对区块链的兴趣”。企业高层和运营管理者对学习和了解区块链的兴趣和参与度均较高。这是因为，正如第一个竖条所展示的那样，他们认可区块链在供应链中的应用潜力。

后 3 个竖条则展示了“区块链应用的不确定性”。我们的调研结果显示，领导者无法确切地知道如何把握这个机遇。换句话说，领导者对区块链感兴趣并愿意参与其中，但他们中的很多人并没有为创建解决方案而制定战略、规划路线图或配备资源。本书如此重要的原因在于，它有助于解答以下关键问题：我们将如何推进区块链的应用？当被问到我们在自己的供应链中正在用区块链做什么时，我们将如何回应？

中间的 2 个竖条从相互对立的两个方面描绘了“企业使用区块链的行动”。这些企业正在其供应链中试用区块链，并创建区块链应用的商业案例。我们可以从这些企业的经验中学习。而且，正如前文提到的，本书研究了其中几家企业，它们提供了关于下列问题的一些启示：你是否应该尝试开展区块链试点？如何起步（包括所有的细节）？你在这个过程之中和之后能得到什么？另外，正如沃尔玛的高管卡梅伦·盖格（Cameron Geiger）指出的那样，在这些结果中看到的马蹄形曲线有一个明显的原因值得关注。

负责供应链技术产品的沃尔玛高级副总裁盖格曾这样对我们说：“我担忧的是高层的激情与商业战略之间存在鸿沟。我们看到业界有很多人在没有制定战略或组建团队的情况下就开始了试点。那么，他们将会去向何方？谁会带他们到那里去？这是寻找问题的解决方案吗？”

美国物料搬运协会（Material Handling Institute，MHI）是一个由物料搬运、物流及供应链专业人士组成的协会，其 2018 年度工业报告得出了相似的结论。在这份报告中，该协会与德勤会计师事务所合作调研了超过 1 000 名企业高管。在这些受访的高管中，只有 6% 的人说他们的企业“正在使用”区块链，有 53% 的人预计它将在未来 5 年内投入使用，有 70% 的人说区块链会在他们的企业中“支持持续改进”，或者会拥有“破坏或制造竞争优势”的潜力。在该调研涉及的 11 种新兴技术中，只有人工智能的采纳率与区块链一样低。

换句话说，我们所看到的曲线展示了企业高层对区块链的强烈兴趣。但当涉及创建商业案例和实施解决方案时，他们却又显得知之甚少，甚至更少付诸行动。企业高层和管理者都承认区块链具有潜力，而且试用区块链的举动受到了非常多的关注，但大多数企业需要在开展试点、开发商业案例及组建能够真正开展和实施试点工作的团队等方面获得帮助。这并不奇怪，因为这项技术刚刚兴起，而且所有牵扯其中的人，从程序员到高管，仍然在探索它的优点和局限性。正如 MHI 首席执行官乔治·普雷斯特（George Prest）在《深入供应链》（*Supply Chain Dive*）中所说的那样：“每个人仍然在试图真正搞清楚什么是区块链。”

这些调研结果随后在我们于 2018 年举办的一场面向萨姆·沃尔顿商学院 EMBA 校友的、关于如何在供应链中应用区块链的互动式研讨会上得到了确认和解释。在研讨会开始之前，58 位参与者完成了一项调研。我们以这项调研的结果作为会议的议题。虽然从统计学的角度来看，这个调研群体规模较小，但其在人员构成上是具有显著的统计学意义的：参与者从经理到副总裁都有，涵盖了多个行业，包括零售业（14 人）、消费品行业（12 人）、专业服务及金融服务行业（12 人）、物流服务行业（4 人）。

只有 22% 的调查对象说，他们的企业正在开发用例（或进行试点），或者正在供应链中实施区块链解决方案。此外，39% 的调查对象所在的企业尚未正式考虑过在供应链中应用区块链（见图 1.2）。

这场活动的参与者非常支持我们之前的调研结果，即当领导者对探究与区块链相关的选项很感兴趣时，他们会持续不断地努力解决诸如区块链应用如何规模化、他们期望获得什么样的投资回报之类的问题（本书将深入探讨这些问题）。

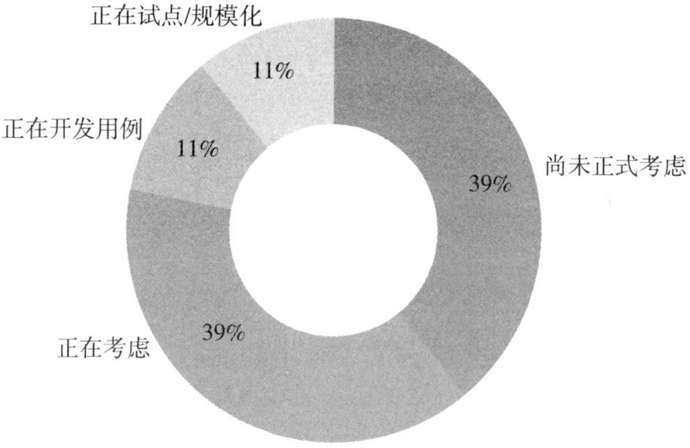

图 1.2　采纳度

目前，国际商业机器公司（International Business Machine Corporation，IBM）、微软（Microsoft）、沃尔玛、马士基、联合利华（Unilever）、联邦快递（FedEX）和堪萨斯南方铁路（Kansas City Southern）等多家大型企业正在为区块链的实施铺平道路。丹尼斯·格尔森（Dennis Gerson）是 IBM 的一名工程师和技术顾问，他估计约有 75% 的《财富》世界 400 强公司在 2018 年底前已经测试了区块链——不是只在一个技术沙盒里进行测试，而是已经真正地“测试了一个假设，并看看结果如何”。他补充说，这些公司中的 90% 从来没有让技术测试超出试点范围。

然而，这些成功的试点并没有引发革命性的改变，至少目前还没有。但对供应链管理者来说，引发革命性的改变才是这一切的真正意义所在，不是吗？虽然真正能够使供应链整体得到显著改善的流程改进还没有实现，但是通过区块链使其实现的清晰路线已经有了。

区块链对供应网络的潜在价值可以用一个简单的二维矩阵图来表示。图 1.3 展示了人际互动与技术如何互相配合以引发革命性的改变。

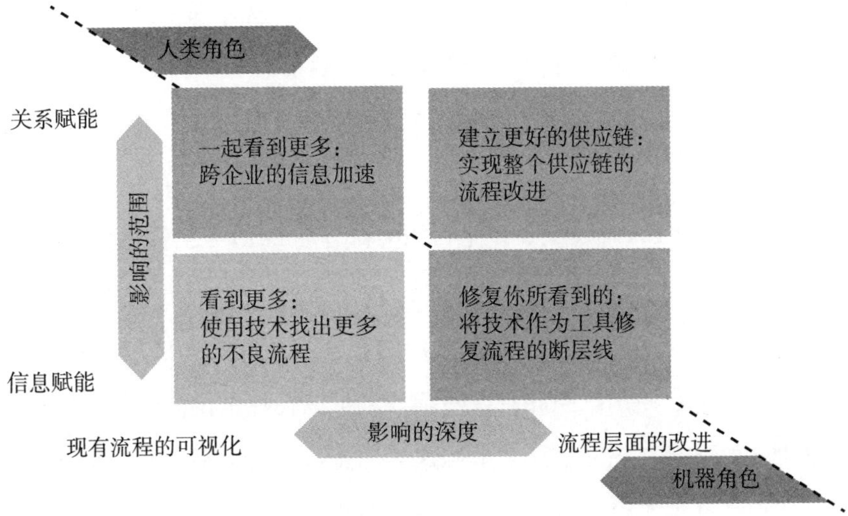

图 1.3　区块链对供应网络的价值

大多数正在尝试使用区块链的企业可以在图 1.3 中的左下象限看到结果，它们得到了使现有流程具备可视性和获取可用信息的途径。例如，一个著名的关于区块链的测试案例是追踪杧果从墨西哥的农场到美国的沃尔玛商店的过程。初始的测试只涉及供应链中的少数几个关键参与者，并主要提供了加强流程可视性的途径（见图 1.3 中的左下象限）。追溯一个杧果的源头农场所花费的时间从 6 天 18 小时 26 分钟缩短至 2.2 秒。它并不对现有的供应链流程进行任何基础性的改变，但它使沃尔玛获得重要信息的速度比以往快得多。

盖格告诉我们："我们见到的大多数用例和试点都停留在左下象限。"这些试点只是简单地在老问题上使用一项新技术，但没有真正地解决这个问题。例如，如果数据质量不好，你只会更快地传递质量不佳的数据。

当供应网络中的多个参与者在区块链上都拥有获取信息的途径时，区块链带来的价值就如图 1.3 中的左上象限所示。从内部来说，从买家到商店经理，每个人都有兴趣看看杧果区块链采集的信息。从外部来说，这些信息对农场主、加工厂、运输公司和政府机构都很有价值。

马士基与IBM的区块链合作伙伴关系的初始形态落入了图1.3中的左上象限。由这两家公司联合创建的区块链平台TradeLens在2018年8月发布了一款尝鲜版程序（EAP版本），该平台当时打算在2019年初提供完全版程序。尽管处于尝鲜版程序的运行模式下，但该平台已经吸引了超过100家企业参与，它们提供全球航运数据和数以亿计的真实的“航运事件”，供平台上所有的参与者浏览和使用。因此，这些参与者可以在整个供应链上更快、更早地分享更多的航运文档和信息。虽然这并不意味着这个平台改变了其参与者使用这些信息开展工作的方式，但参与者围绕供应链关系增强了“一起看到更多”的能力。

开展区块链试点几乎总能带来更高水平的可视性，其带来的价值如图1.3中左边的两个象限所示。然后，问题就变成了：“你能用它来做什么？这项技术真的能被用于流程改进吗？你能和合作伙伴协作实现整个供应链的系统性改进吗？”如果你不能，那么区块链可能仍然只是一项值得单独用于增强可视性的技术；如果你能，对你来说区块链就变成了具有革命性的技术。

在某些情况下，可视性可以带来基于技术的流程改进（见图1.3中的右下象限）。例如，区块链有能力消除港口和其他边境口岸极其耗费时间的文书作业，使杧果从农场到超市的移动更加迅速，从而为产品提供更长的保质期。来自马士基的TradeLens平台负责人迈克尔·怀特（Michael White）告诉我们，他们的区块链平台给全球航运业带来的最基本的改进包括有效地回答一些最简单的问题，如“我的集装箱现在在哪里”。他告诉我们：“不同于以往用5名员工去和10家企业核实以查询集装箱或一批货物的状态，区块链平台上的企业可以只用1名员工和1个平台完成这件事情。”

ClearWay 是 TradeLens 平台发布的公开测试版（Beta 版）产品，其目标是使全球货运文档数字化，预计能在多方协作运输货物时为进口商、出口商、中间商、海关和其他政府机构及非政府组织等各方创造巨大的效益。最终，区块链用户会建立一个更好的供应链，它来自整个供应网络中共同的流程改进。这就是图 1.3 中的右上象限所表达的内容。

注意，当我们把目光从图 1.3 的左下象限移动到右上象限时，问题的焦点就从如何使用区块链这项新技术变成了如何利用这项新技术来构建和运行供应链。这需要专业人员的参与，他们会提供分析和见解，然后基于区块链的潜力开展行动。区块链可能会使不良的数据和程序暴露出来，但是它不会清除数据或修复程序，这些事情需要人类去做。这也是为什么一个工具箱、一个协作团队及供应链管理者的实际参与是实现图 1.3 中右上象限所示价值的关键所在。成功没有捷径，而使用区块链本身也不能使我们免于做正确的事情——创建更好的供应链。

我们还未发现某家企业或某个行业通过区块链真正实现图 1.3 中右上象限所示价值的例子。实现这样的变化需要时间，而且一些先行者似乎已经朝着正确的方向前进了。在杧果的例子中，沃尔玛前食品安全副总裁弗兰克・扬纳斯（Frank Yiannas）指出，区块链的价值不在于它对杧果做了什么，而在于它能为复杂的食品供应链做什么。

在宣布杧果测试案例的结果之后不久，扬纳斯说他曾和一家大型乳制品企业的负责人讨论过这次测试。这位负责人问扬纳斯："我们为什么需要区块链去做这些事情？我们完全可以用自己的系统去做这些事情。"

扬纳斯承认，现有的系统可以复现这个杧果测试案例。但是，他补充道："当你有 70 000 个库存单位（Stock Keeping Unit，SKU），它们来自不同的供应商，而且这些供应商的系统并不是都与你的系统保持一致时，你不可能做成这些事情。并不是每个人都在你的系统里，而且你也没有与其他系统进行交互的接口。而区块链可以做成所有这些事情，它是一个‘规则改变者’。”

正是这些“规则改变者”之类的承诺让供应链领导者（无论来自小型企业还是来自大型企业）都对区块链着迷。但是，正如我们的调研结果所指出的那样，他们中的大多数人都缺乏战略或路线图规划。

扬纳斯现在是美国食品药品监督管理局（Food and Drug Administration，FDA）食品政策与应对办公室副主任。他告诉我们：“随着越来越多的人对区块链感兴趣，他们开始纠结应该从哪里开始，怎么去考虑它。因此，编写一本攻略、案例研究和用例集是一个好主意……我一直在寻找关于区块链的好书。我希望人们了解它，人们也经常问我应该读哪些书。然而，市面上并没有很多好书。”

我们编写本书的目的是帮助各个层级的供应链管理决策者了解区块链，更重要的是评估这项技术给他们的工作带来的或没有带来的价值。我们会引导读者通过若干关键流程制定有见地的、切实可行的、及时的、富有商业头脑的决策，这些决策与读者怎样或能否有效地将区块链与已有的系统和流程整合起来有关。简而言之，我们会从以下几个方面帮助读者。

- 了解区块链。
- 了解炒作的力量和采纳区块链的路线。
- 了解区块链能否及如何应用于你的供应网络。
- 了解区块链对现代供应链管理关键环节的潜在影响。
- 当在供应链中实施区块链时，在网络理论应用方面进行开创性的研究。
- 开发你的用例（如果有）。
- 开发你的商业案例（如果你有合适的用例）。

- 创建和管理你的区块链试点。
- 有效地度量试点结果。
- 基于试点经验决定下一步应该做什么。

本书将分三个部分来讨论以上内容（见图 1.4）。第一部分将解释什么是区块链，以及它与供应链管理之间的联系。第二部分将探讨区块链如何影响供应链生态系统的各个关键领域。第三部分将探究如何创建区块链用例，以及运行和评价区块链试点所面临的种种挑战。

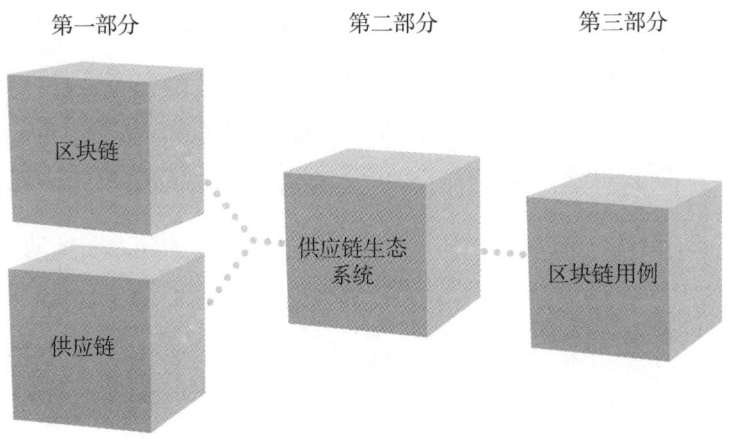

图 1.4 本书的脉络

本书提供了你需要的信息和工具，你可以为即将到来的、不可避免的挑战和机遇做好准备。对一些企业来说，区块链是一场即兴表演—— 一项需要其紧抓不放并马上实施的技术。对少数企业来说，这项技术真正影响到其运营可能还需要很多年，甚至可能需要数十年。但对大多数企业来说，改革的浪潮已经来临，现在正是为确定要到来的一切做准备的时候。

扬纳斯曾经一度认为自己是区块链怀疑论者，但现在他是区块链最积极的倡导者之一。他认为区块链不只是一个用来改善食品安全的途径，而且是一个能够为整个供应链流程增加价值的手段。他很快就建议其他领导者开始着手规划将区块链纳入他们未来的业务中。

扬纳斯告诉我们："从总体上说，我的建议是不要观望太久，不管你的企业规模有多大。很多这样的技术兴起都非常快，你马上就会被甩在后面。我认为，这会使人变得更加聪明并且运行一个更加智能的供应链。你肯定不想被甩在后面，并发现每个与你竞争的人都比你聪明得多，那将是一个不利的境地。"

联邦快递的创始人和总裁弗雷德·史密斯（Fred Smith）是另外一位区块链倡导者。他在2018共识大会（Consensus 2018，一场为期三天的关于区块链的会议）上的一个小组会议中发出过类似的警告。他说："如果你不在新技术的刀刃上经营，那么你的计划一定会被打乱。如果你不愿意拥抱物联网（Internet of Things，IoT）和区块链这样的新技术、直面随之而来的挑战，那么你会在某一时刻走向灭亡，而这可能是不易察觉的。"

但是，即使是像扬纳斯这样热情的区块链倡导者也意识到，预计将要到来的变革仍处于通向成熟的漫长旅程的早期阶段。扬纳斯相信先锋投资者（如沃尔玛）会引领早期的技术应用者为区块链在商业中长期的、大规模的、可持续的应用奠定基础。他说："这就像建设州际高速公路系统，我们正在浇注水泥。一旦我们浇注完了所有的水泥，各种事情就会发生。货物将开始移动，人们将开始旅行。"

正因为区块链可能在很多年以后才会成为被广泛接受和使用的成熟事物，所以一些观察者认为区块链是一种基础性技术，而不是一种破坏性技术。哈佛商学院的两位教授马尔科·伊安西提和卡里姆·拉克汉尼说，区块链不会"冲击具有低成本解决方案的传统商业模式，并迅速地在现有的企业中普及”。相反，它可能会“为我们的经济和社会系统创建新的基础。虽然这种影响是巨大的，但是区块链需要花费数十年才能渗透到我们的经济和社会基础设施中去。随着技术和机构改革的浪潮不断高涨，技术推广的过程将会是逐步的、稳定的，而不是突然的”。

然而，在供应链领导者眼中，区块链是“破坏性的”，这主要是因为大量的媒体炒作。它看起来非常像一场他们知道即将会到来的风暴，但他们不确定自己应该做的是密封舱口、弃船，还是在即将到来的波涛里冲浪。他们从同事、行业博客和大众媒体那里听说了区块链，有充分的理由担忧没有为区块链做好准备和准备好失败是同一件事情。他们想知道区块链给自己的企业带来的或没能带来的价值，这样他们就可以做出有见地的、切实可行的、及时的、富有商业头脑的决策。这些决策与如何将区块链应用于他们的工作有关。但是，他们需要别人帮忙整理这些用术语表述的承诺，理解区块链真正能做什么，并且弄清楚他们能否、何时及怎样应用它。

透明供应链在很多方面尚待定义。这是一项正在发展的技术的重要特征。但在研究区块链及其在整个供应网络中的应用潜力方面，我们得出了一个不可否认的结论：商业领袖需要整理今天的媒体炒作来为这个技术的明天做好准备，包括它在当下是什么样的，或者它会在未来的若干年里变成什么样，否则就像扬纳斯和史密斯警告的那样，他们很快就会发现自己在很吃力地追赶竞争对手。

迈克尔·凯西（Michael Casey）是麻省理工学院数字货币计划项目的区块链研究高级顾问，他说区块链是“一个未来的而非现在的技术……区块链所属的那个未来的到来会很迅速，以至于在合理制定战略和考虑最广泛的设计可能性方面的一个失误，最终都会给很多企业带来灾难性的影响”。

保罗·洛西恩是一直对区块链发展保持警惕的人之一。洛西恩是泰森食品公司的商业方案架构师，这使他成了我们眼中区块链讨论的“利益相关者”。自 20 世纪 70 年代末期以来，他一直在泰森食品公司工作。如他所说，他多多少少地参与了这家企业大多数的运营和分销系统的管理，同时了解这家企业在全球食品行业中不断演变的角色的来龙去脉。

多年来，洛西恩深度参与了行业标准、可追溯性、物流、供应商和经销商关系等一系列重要议题的讨论。他曾为 GSI 的很多委员会提供服务，该协会是一个旨在建立全球产品标准（如标签系统和通用条形码）的非营利组织。他也曾是由美国食品技术研究所成立的一个多学科小组的成员。美国食品技术研究所致力于解决食品安全问题。因此，洛西恩警惕地追踪着区块链及其发展对泰森食品公司及其合作伙伴和整个供应链的潜在影响。他告诉我们：“我周围的大多数人谈及区块链时都不知道它的工作原理，但是都听说过它。因此，问题变成了‘我需要更多地了解它吗’。”

他是如何回答这个问题的？洛西恩说：“我相信这是非常重要的，但是普通人在这项技术影响到他们之前并不需要知道它将会影响他们。我记得在 1984 年我参加过一场会议，有一位来自某大学的与会者在那里讲述他们的新网络。这个网络允许他们在所有的学术机构之间共享所有的信息。他们当时使用的是 TCP/IP 协议。这个协议很重要吗？是的，这个协议是互联网的根基。但是，我必须学习关于互联网的所有技术细节吗？不，互联网在不断地进化。虽然必须有一些了解区块链技术细节的早期参与者，但是事情总会发展，技术总会进步。”

尽管洛西恩对了解区块链的技术细节缺乏兴趣，但他还是建立了关于区块链用途和工作原理的基本框架。我们看到越来越多的供应链专业人员采用了这一框架。一些企业组织（包括泰森食品公司）组建了内部的跨职能委员会，由其负责调查区块链的潜力。其他的供应链专业人士则自行开展研究。当真正涉及将企业的资金和资源投入区块链时，大多数人采取的是一种观望的态度，但很少有人会忽视区块链。

无论你现在处于什么阶段，本书都可以帮助你自信前进。

本章要点

- 像区块链这样的新技术具有使整个供应网络中的交易记录全面数字化的潜力。如果目前关于区块链的各种炒作属实，未来将会出现透明供应链，使可视性、责任制、效率、协作和互信等的水平达到一个前所未有的高度。
- 以同时惠及企业和消费者的方式将区块链带到人们的生活中，可能需要花费很多年进行试验和试错。试错这个部分让许多供应链管理者和决策者紧张不安。
- 战略而非技术，应当驱动商业决策。如果不了解区块链及如何将其实战化地、有效益地应用于解决实际的供应链问题，就无法提出合理的战略。
- 领导者对区块链感兴趣并愿意参与其中，但他们中的大多数人并没有为创建解决方案而制定战略、规划路线图或配备资源。
- 开展区块链试点几乎总能带来更高水平的可视性。然后，问题就变成了：你能用它来做什么？
- 本书将帮助各个层级的供应链管理决策者了解区块链，更重要的是评估这项技术给他们的工作带来的或没有带来的价值。我们会引导读者通过若干关键流程制定有见地的、实用的、及时的、富有商业头脑的决策，这些决策与读者怎样或能否有效地将区块链与已有的系统和流程整合起来有关。

INTEGRATING BLOCKCHAIN INTO SUPPLY CHAIN MANAGEMENT

A toolkit for practical implementation

第一部分

将区块链引入供应网络

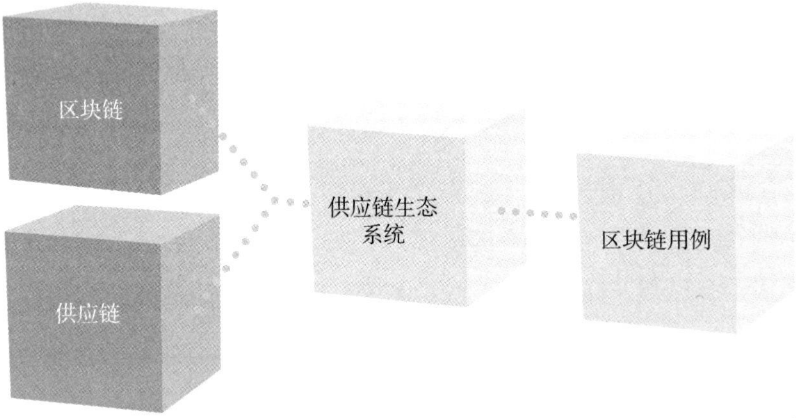
区块链
供应链
供应链生态系统
区块链用例

第 2 章

区块链入门

通过回答“什么是区块链”这个显而易见的问题来发起一场关于区块链的讨论是很容易的，尽管你最终用于自己的供应网络的技术可能不是区块链，至少不是它的原样，很可能像是隔了两代的远房表亲。

那么，我们为什么还要不嫌麻烦地定义区块链呢？因为我们想要了解这位表亲——它是什么或它可能是什么。最好的切入点就是理解它的起源和演变过程。它的起源可以带你进入区块链的世界。

然而，解释清楚区块链并不是一件简单的事情，因为区块链还没有公认的定义。在 2011 年以前，“区块链”这个词甚至还没有被创造（可以这么说）出来。截至 2018 年初，牛津词典和谷歌词典中各有一个“区块链”词条，特指区块链在加密数字货币中的应用。2018 年晚些时候，剑桥词典也新增了一个“区块链”词条，同样特指区块链在加密数字货币中的应用。韦氏词典增加的“区块链”词条更具一般性，但仍然聚焦于区块链在金融交易方面的应用。

你能找到的大多数定义都有一些共同的要素，但是每一个定义又都有一些略微不同的焦点。一些定义相当简单直白，但是它们没有真正告诉你区块链的众多用途。其他一些定义只描述区块链是干什么的，而非是什么。IBM将区块链定义为“一个共享的、不可篡改[①]的用来记录交易历史的账本”，而SAP称区块链为“一个可靠的、难以破解的交易记录和所有权记录”。这些定义都很不错，但是对于区块链的广义定义，我们偏向于阿肯色大学萨姆·沃尔顿商学院信息系统系助理教授扎克·斯蒂尔曼（Zach Steelman）给出的定义。他将区块链定义为“一个由密码学支持的分布式数据库，具有使各个部分达成一致的共识机制”。

这些定义都相当简明，但是对区块链用途和工作原理的更加深入的描述很容易变得十分复杂。例如，有一位博主在一篇文章中承诺对区块链进行简单的解释，其副标题是“理解区块链的浅显易懂的3 500字终极指南”。这就引出了一个显而易见的问题：如果需要用3 500字来解释区块链，那么你真的能说它简单吗？

在所有你能找到的关于区块链的常见解释中，总是有一大堆令人头皮发麻的术语。其中的许多术语都带有同样令人头皮发麻的缩略词，这会进一步混淆主题。与此同时，各种各样的专家和开发者都有自己偏爱的行业术语。例如，你会看到这样一些术语：分布式账本技术（Distributed Ledger Technology，DLT）、共享式账本技术（Shared Ledger Technology, SLT）、公共账本技术（Public Ledger Technology，PLT）、区块链即服务（Blockchain as a Service, BaaS）、去中心化数据库、难以篡改的账本、去信任的信任、节点、燃料价格（Gas Prices，以太坊区块链专用术语）、矿工、哈希、加密数字签名和平台等。出于需要，我们会使用其中的一些术语，但是我们保证会以我们能做到的最不令人厌烦的方式使用它们。

这些术语很难规避，因为归根结底，区块链就是一堆代码，这使它成了

① 实际并非如此，更准确的说法是“难以篡改”。——编者注

极客的禁脔。只有程序员真正知道它是什么，而他们显然需要用至少3 500字来解释它。这没关系，正如只有极客知道云到底是什么或互联网到底是什么，而我们只需要知道云和互联网可以为我们做什么、我们如何用它们来实现各种各样的目标就足够了。

当评价区块链的潜在用途及如何实施它时，拥有得力的信息系统部门的企业会依靠自己的专家。其他企业到了要构建一个测试案例的技术方案的时候，很可能需要聘请外部专家。但是，他们都会这样告诉你：技术是最容易的部分。这意味着，你作为供应链领导者承担了最难的部分，你要弄清楚能否及怎样在你的业务中明智地使用这项技术。为了做到这些，你首先需要对这项技术能够为供应链做什么有最基本的了解。幸运的是，任何人都可以了解区块链是干什么的，而了解它和它的远房表亲能为供应网络做什么可能才是最紧要的，这也是我们对待它的方式。

说到供应网络时，我们将区块链定义为一个可以为多方交易数据库带来安全的、值得信任的可视性的技术平台。它可以创建透明供应链，因为它允许加密共享的数据库来存储和验证交易记录及任何你想要的与供应链流程有关的数据。不同于现有的大多数技术，它超越了一对一、点对点的联系，可以被用于整个供应链生态系统。

事件链

区块链的短暂历史和迅速成名源自比特币的发展。这是一种加密的数字货币，没有中央管理者（如政府或银行）。一个未经证实的个人或团体使用“中本聪”（Satoshi Nakamoto）这个名字在2009年发布了比特币的开源软件，其基本特征之一就是使用了区块链。

要想让比特币运转起来，其幕后策划者就要确保交易是安全的、可核实的，并被每个使用比特币的人所信任，即便使用者在交易时互不相识或彼此不信任。因此，比特币的幕后策划者开发了一个公共的数字化账本，它可以在无法被更改和删除的加密块中追踪、验证和记录每一笔交易。这些交易被独立的用户（被称为节点，通常是运行复杂程序的计算机）所验证，这些用户部分地通过求解复杂的数学问题来达成共识。

正如你所看到的，区块链不是你祖父母的老账本。就它的基本形式来说，它至少在六个方面是截然不同的。下面，我们将在传统加密数字货币形态及更适合供应网络的新兴技术选项的背景下，逐一快速地了解区块链的每个方面。

第一，它既是去中心化的，也是中心化的。没有一个单独的用户或用户群体能够控制区块链平台。信息不存储在任何一台主机上，相反，它存储在云上。例如，微软 Azure 在全球将近 40 个地区拥有超过 100 家数据中心，Azure 是一个支持区块链的云计算平台。在 MHI 2018 年度工业报告所调研的高管中，大约 60% 的人表示他们的企业已经采用了云计算和云存储技术，而这个比例有望在 2023 年上升到 90%。

发源于比特币的公共区块链（Public Blockchain）没有所有者，但许可区块链（Permissioned Blockchain）可在参与合作的企业之间共享。数据仍然存储在云上，但是这些私有或半私有的区块链可以预先建立控制和限制。这导致一些完美主义者争论说它们不是真正的区块链。

斯蒂尔曼告诉我们："这是两种不同的思维方式，那些从区块链空间起步的人们想要的是去中心化、完全可公开访问的区块链。这在你想要和任何人进行交易的特定用例中是行得通的，如转账。但是，在你需要私有信息的情况下，如在供应商与经销商的关系中，这就根本就行不通，而且永远也不会行得通，因为供应商不应该也不能够看到其竞争对手的报价。”

许可区块链一旦被创建并开始运行，就不能被任何使用者在其他使用者不知情的前提下控制和操纵。这是在各方之间建立信任的要素之一。但是，正如斯蒂尔曼指出的那样：“仍然需要有人编写前端程序和将其集成到现有系统中的程序。它只是一个数据库，总得有人构建它的一切。但是，一旦它被创建出来，它就可以像一个网页服务器那样运行。在大部分情况下，从技术的角度来说，它的运行相当简单。”

不仅需要有人创建区块链，而且需要有人治理它。保罗·常（Paul Chang）是 IBM 的一位区块链专家，他在 2018 年的一场供应链专业人士区域理事会议上说：“区块链虽然是分布式的和去中心化的，但这并不意味着它是可以自我管理的。”因此，区块链参与者需要就由谁来做以下事情达成一致：

- 添加或删除一个账户；
- 添加或删除一个参与的组织；
- 定义和管理许可等级；
- 在网络中部署和升级智能合约；
- 添加节点（即验证添加到区块链中的数据的计算机或参与者）；
- 管理系统的升级。

那么，你可能有理由会问：一个系统能够既“去中心化”又被“治理”吗？这个问题的关键在于，治理不等于控制。所有参与者都要洞悉系统采取的行动，而且当有需要时，一些行动必须得到大家的共识。

第二，它是分布式的。区块链上的信息由所有被许可的用户共享。当一个新的区块被创建并被确认为真实时，该区块所含的信息会自动向该区块链上的所有人公开。因此，区块链是以点对点的方式分布的。公共区块链是对所有人开放的。许可区块链带有互相协商一致的诸多限制规定，这些限制规定确定了哪一方能够添加或查看哪一笔交易。

第三，账本中的交易是确认有效的。每个区块是一笔交易或一系列交易的记录，使用一个随机生成的加密哈希值（一个唯一的 64 位数字代码），与前一个区块相连。哈希值出现在一个区块的头部，它标识了该区块的内容。

假设你的工厂制造了一批小物件，你创建了一个文档来描述这批小物件的所有相关细节。当你将这个文档放进区块链上的一个区块时，这个区块会被分配一个随机的哈希值。区块链上的下一个区块中可能有关于这批小物件在哪里制造及如何运出工厂的文档。这个新的区块也获得了一个唯一的哈希值，而且这个哈希值连接着前一个区块的哈希值。区块链程序通过扫描区块的信息，并将内容与区块现有的哈希值进行比对来验证区块的真实性。对区块内容的任何改动，例如，甚至是在《战争与和平》（*War and Peace*）的全文原稿中删除一个逗号，都将产生一个全新的哈希值。因此，系统不再将缺少一个逗号的文稿版本验证为区块链中的一个可信区块。

实际的验证过程只需要花费很少的时间，但加密数字货币使用的是一个被称为“挖矿”的流程。区块链网络上的计算机（技术人员称其为节点）运行求解一个复杂的数学问题，这是交易被正确验证的部分证明。这些“矿工”根据其工作速度和精度获得报酬激励（以加密数字货币的形式支付）。一旦被确认，这个“工作证明”（或“计算共识”）所验证的一笔交易将作为一个特定的区块链上的下一个区块。当互不相识的用户参与一笔交易时，这种方式效果良好。不同于彼此信任（或等待第三方如银行来证实他们之间的交易），用户可以信任区块链上的计算共识。

许可区块链在涉及供应网络的技术试点中最常见，而且很少需要高级别的计算共识。这类技术试点通常包含数量有限的相互认识的用户，这些用户在验证交易的其他方式上达成一致。例如，供应网络中最简单的许可区块链可能只使用点对点的验证——验证每个用户在区块链上的一个新区块上的数字签名。使用已知用户验证交易的做法常常被称为“选择性背书”。这些已知用户可以是人类，但也能以技术的形式存在，如一台对收到的存货进行扫描或拍照的设备。

这是一个 IoT 设备可能会与区块链产生交互（或替代）的领域。例如，物联网联盟（Internet of Things Alliance，IoTA）为 IoT 设备之间的智能交易提供了一个所谓的“缠结平台”（Tangle Platform）。

斯蒂尔曼说：“如果你观察 IoTA，你会发现它不是一个链。其中的交易不必经过所有人的验证，它有一个基于数据树的验证子集。如果一笔小交易只发生在一个局域网内，你就不需要 100 万人验证它。假设某 IoT 设备上有 5 个传感器，它们会进行自我验证，而不是没有效率地对数以百万计的其他 IoT 设备进行验证。”

当然，IoT 在供应网络中的应用与区块链非常相似。很少有企业使用它，但是有很多领导者在研究它。

当供应网络的用户数量和复杂度增加时，它可能会使用改进的计算共识，并通过协议指明不同的参与方验证交易和提供工作证明的方式。用户（或他们的计算机，即节点）可能有或可能没有查看交易数据的许可，但他们在确认交易有效时不需要查看这些数据。因此，一个大型的零售商可能会与多家供应商及其制造商合作，共同创建和维护区块链。每个用户都会参与达成计算共识的过程，不管他们能否看到区块链上的真实信息。用户只需要求解数学问题来协助达成计算共识。分担达成计算共识的责任增进了用户之间的信任，也阻止了个体参与者僭取权力或控制其他人。

斯蒂尔曼说：“从达成计算共识的角度来看，它主要是为了保护网络中的每个人。如果一家大型零售商变成了‘坏蛋’并决定篡改交易，而只有另外一个人来验证这笔交易，那该怎么办？如果我是供应商，这就相当于让我对抗这家大型零售商。当这个达成共识的过程涵盖所有人时，每个人都在验证其他人，也在保护其他人，尽管他们可能互不相识。这是一个自愿承担的信任监控系统，其中的任何一方，甚至是大型的一方，都不可能针对一个人或一个群体做些什么而不让大家看到发生了什么。”

验证过程中的这种信任可以使区块链比现有的数据库更具优势。斯蒂尔曼说：“区块链使验证过程更加流畅，因为用户相互信任。例如，这使经销商不必仰赖那些大型零售商和自己的程序员以确保所有的系统都集成起来，因为系统本身创造了一部分那样的信任。如果你有一个不怎么好的处境或关系，那么区块链可以使它变得更好，但是不能保证你的处境或关系一定会变得更好，因为仍然需要有人编写那些代码。”

第四，每个用户都有一个唯一的数字密钥。与哈希值很像，数字密钥是一个随机生成的含有字母和数字的代码，它是用户访问系统的密码。在加密数字货币的世界中，它是你打开自己的电子钱包的钥匙，它能确保只有你才可以使用自己的电子钱包里的资金。这把钥匙能让你解密自己所创建的区块的数据。然而，如果你在公共区块链上丢失了数字密钥，你就丢失了接触一切的途径。没有客户服务部门来接听你的电话或接收你的邮件，也没有人能够把数字密钥重新发给你或为你重新设置数字密钥，因为没有中央管理者。企业使用的许可区块链在重大交易被添加到该区块链之前可以要求多重签名来批准这些交易。

第五，记录的信息是难以被篡改的。一个区块一旦被添加到区块链上，它所包含的数据就留在那里了，这些数据不能被轻易改动或删除。这通常被称为“共享状态”（计算机编程术语），是指网络已经锁定在内存中的协商一致的信息。区块中的信息是永远链接在一起的。算法确保了数据库中的每个条目都是按时间顺序永久有效的，而哈希化确保了区块链上已有区块的数据不会被改动。用户不能在道路上制造岔口，因此每个人都必须沿着一条共同的真理之路行进。

这个现实情况的不利方面是更新区块链的代码或纠正人为错误并不容易。程序员无法通过改动旧代码或更新内容去修正一个笔误，他们不得不在新的区块上创建新的代码或信息，他们也因此在区块链上创建了新的连接。

许多商业领袖也在为使用无法删除的数据库而担忧。这是真的，但是正如斯蒂尔曼指出的那样，许可区块链的数字密钥可以被删除，查看特定区块的访问权限可以被改动。他说：“数据会一直在那里，但它是加密的，因此它可能并不总是能被访问。所有的数据都被哈希化并受到保护。删除它的访问路径之后，就没人能够看到它了。”

第六，账本受编程逻辑支配。这允许了智能合约的使用。智能合约是在供应网络中应用区块链的驱动力之一。它是嵌入数据库的商业协议，在合适的交易中会自动执行。用户可以设置独特的规则和算法，通过在系统内编程来触发交易并启动验证。例如，区块链网络可能会通过编程约定：当它确认一件产品已经抵达其目的地时（一个新区块），就会开具一张发票（另外一个新区块），并触发一笔支付（另外一个新区块）；或者它可能允许自动逆向竞价，买家只需要输入所需之物的标准，相互竞争的卖家（或他们的计算机）将自动回应，然后胜出的卖家会被选中。这一切在几分钟之内就能完成，而且不需要人与人之间的互动。

斯蒂尔曼说：“区块链在那些可重复的和能够被很好地定义的细小问题上运行良好，如果你能够基于收到的出价定义每个属性，你就能设置一个智能合约，自动触发某些确定的操作。基于事件或触发器的可执行代码片段是智能合约最重要的组成部分，它只是一个条件判断（If/Then）算法。”

多用户的开放访问、加密程序与验证结果组合起来，就可以创建能够防止被篡改的三式记账法等价物。而且，最重要的是这种记账方法的应用远远超越了加密数字货币，甚至整个金融行业。《区块链革命》(*Blockchain Revolution*）的合著者唐·塔普斯科特（Don Tapscott）说，区块链是“一个廉洁的经济交易数字账本，它可以被编程，因此它不仅可以记录金融交易，而且几乎可以记录一切对人类有价值的和重要的东西。”

区块链的六个与众不同之处

- 它既是去中心化的，也是中心化的。
- 它是分布式的。
- 账本中的交易是确认有效的。
- 每个用户都有一个唯一的数字密钥。
- 记录的信息是难以被篡改的。
- 账本受编程逻辑支配。

区块链可以做什么

我们经常从供应链专业人士那里听到这样一个问题：“使用区块链的流程是什么？换句话说，在我们的业务中实际使用它时，它是什么样子？”

如果你将其归纳为四个最基本的步骤，那么许可区块链看起来可能会是下面这样的。

步骤 1：一些人在网上登录他们的账户，输入一笔交易，包括协议、记录或关于一项资产的其他数字信息。

步骤 2：这笔交易在所有已经被指派接收它的计算机所组成的网络中共享。

步骤 3：计算机网络使用算法来验证这笔交易，包括用户的状态；当计算机（或节点）达成计算共识时，验证过程完成。

步骤 4：验证过程完成后，这笔交易变成数字账本中的一个区块，永久地对所有获得授权的参与者有效，并且不能被编辑或删除。

到 2017 年年底，一大批实体都在探索将区块链作为供应网络增值的手段，从沃尔玛等零售商和联合利华等供应商，到 ShipChain 等物流创业公司和新加坡政府等政府机构。2018 年，越来越多的物流相关企业也参与到了这场区块链盛会中。在大多数情况下，相关进展都没有超出试点阶段。在供应链中应用区块链的少数几个成熟的尝鲜者之一是基层农业合作社，它提供了一个简单明了的例子来说明区块链如何在创建透明供应链的过程中发挥实际作用。

该合作社有一个不太大的供应链，实际上该供应链更像一个链条，而不是一个网络。该合作社的成员即农户养殖优质的非转基因鸡、火鸡、牛和猪，然后把它们卖给合作社。这些肉类通常在由合作社部分所有的自然状态加工厂（Nature State Processing）里加工，然后由合作社通过自己的电子商务网站销售或卖给批发商，接着批发商再将其卖给美国境内的食品杂货店或餐馆。下面以该合作社的养鸡农户为例，说明该组织如何使用区块链。

农户使用智能手机或桌面计算机应用程序登录在线平台，在系统中输入一批鸡的相关信息。农户输入数量（通常为 800~2 000 只）、批次编号和农场编号等信息。这个区块链上的“创世”区块可以包含支持文件的数字副本，当系统生成它的 30 个字符的数字哈希值时，该区块最终确定。现在，每个拥有平台访问权限的成员都可以登录平台并查看它，而且如果得到授权，他们还可以在区块链上增加一个新的区块。但是，没有人能够在不创建一个完全不同的哈希值（继而创建一个全新的区块）的情况下，更改这个“创世”区块中的信息。

当这批鸡被送到加工厂时，农户和加工厂都签字并正式接受这笔资产的转移，从而确认了这笔交易并创建第二个区块，它有一个与“创世”区块相链接的哈希值。这些鸡被加工、打包和装箱，每个包装和箱子都被贴上二维码标签和简短的统一资源定位符（Uniform Resource Locator，URL）地址，以标识它属于这个特定批次。然后，箱子被移交给合作社。在合作社和加工厂正式接受这笔资产的转移（另外一个点对点的确认）之后，带有另外一个唯一的哈希值的新区块被确认并加入区块链。对于那些被转交给批发商的箱子及最终进入零售商店的箱子，一个新的区块也会被创建出来。

图 2.1 展示了大致的流程。

通过扫描二维码或输入 URL 地址，所有人都可以看到这个区块链上的全部信息。例如，当批发商的销售员在加利福尼亚州的一家餐馆里向买家展示产品时，他可能会用智能手机或平板电脑扫描样品箱上的二维码。与此同时，消费者可能会在一家副食商店里扫描该二维码或在家用计算机上访问该 URL 地址。

最初，合作社只用区块链来显示资产的转移。但是，它正在按计划增加更多的信息，如认证书、非转基因禽畜饲料的采购订单，以及这个过程中每个阶段的定价和利润率之类的信息。

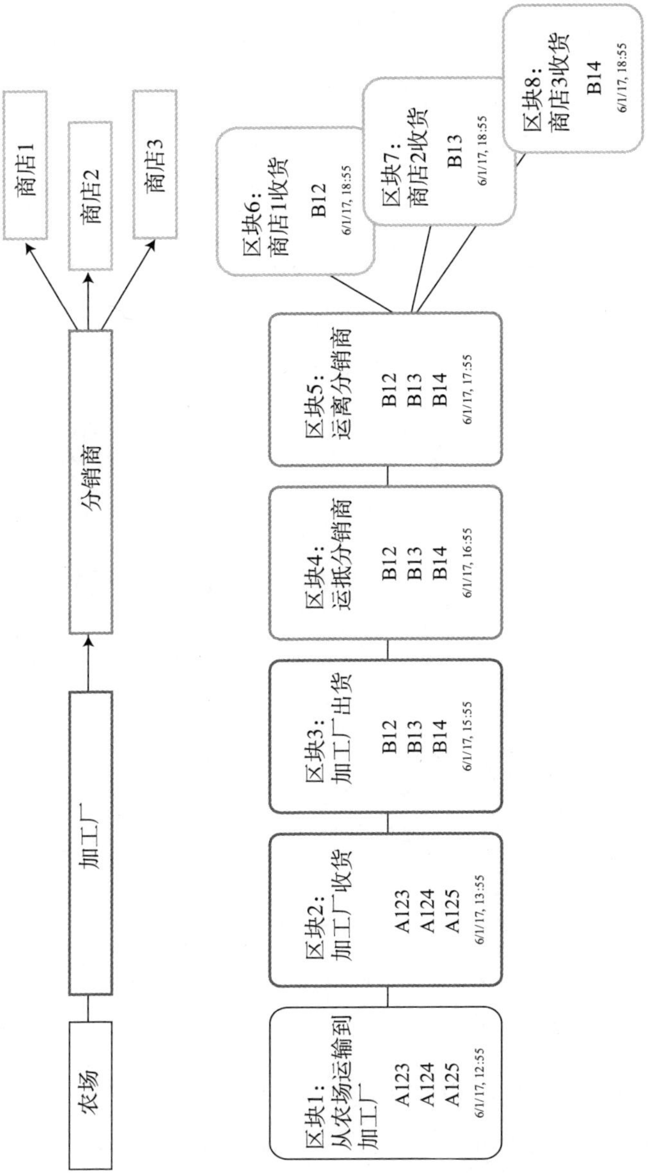

图 2.1 区块链的一个应用场景

钻石行业的一些供应商是另一类区块链尝鲜者，它们使用一个类似的流程证实钻石的质量和来源。然而，当区块链被用于较复杂的多层供应网络时，它会变得更加复杂，并产生更多的潜在问题和风险。例如，一台笔记本电脑由上千种零部件组成，这些零部件来自不同的供应商，这些供应商各自都有不同的供应商，其中的很多供应商还有自己的供应商。这些供应商中的很多家都在为相互竞争的笔记本电脑制造商提供原材料或零部件。这些原材料或零部件通过各种运输方式（包括卡车、火车、轮船、飞机等）从一个地方移动到另外一个地方。在这种类型的共享区块链平台上协调每个参与者绝非易事，但区块链倡导者预测这最终会实现。而且，在某些情况下，它已经非常接近实现了。

区块链解决方案提供商

当区块链以自己的方式进入市场时，不乏企业争先恐后地争夺一席之地。大多数区块链（并不是全部）都在下列三个平台之一上运行——以太坊（Ethereum）、超级账本（Hyperledger）和 Corda。

以太坊是一个与比特币非常相似的公共区块链，但它更适合商业用途。

超级账本是一个开源的区块链，它启动于 2016 年，拥有包括埃森哲（Accemture）、思科（Cisco）、IBM 和英特尔（Intel）在内的 30 个创始成员。超级账本项目由 Linux 基金会运行，这是一个被大多数企业认可、尊敬和信任的非营利组织。在不到两年的时间里，该项目已经拥有了约 200 个合作成员和准成员，并建立了一个由 21 个成员组成的多元化董事会。

阿帕奇软件基金会（Apache Software Fundation）的联合创始人布赖

恩·贝伦多夫（Brian Behlendorf）于2016年5月开始担任超级账本的执行董事时，很快就明确表示这个项目的愿景是使超级账本成为一个“商业区块链的保护伞”。用户不需要为完成一笔交易花一分钱，因为“挖矿”的动机源自每个用户为了让数据库获得成功所做的投资。One Network和其他许多企业使用超级账本构建了自己的区块链解决方案，目前超级账本拥有多种不同的商业框架（如Burrow、Indy、Iroha、Fabric和Sawtooth等）及多种编程工具（如Cello、Composer、Explorer和Quilt等）。

Corda是一个由R3创建的开源区块链项目。R3是一家与银行和其他金融机构合作的企业级软件公司。

大多数世界顶级的科技和软件公司都以某种形式或方式提供基于区块链的解决方案。亚马逊（Amazon）和Azure（微软的云服务）都允许用户在其云平台上启动区块链服务，无论用户使用的是超级账本、以太坊还是Corda。甲骨文、SAP和Salesforce也都有区块链计划。微软在有关区块链的战略咨询和实施方面与安永、埃森哲和Consensys开展了合作。IBM和SAP都提供了咨询和托管的选项组合，有时甚至彼此合作。IBM区块链部门总经理玛丽·威可（Marie Wieck）在接受《福布斯》（*Forbes*）撰稿人贾森·布隆伯格（Jason Bloomberg）的采访时这样解释IBM的区块链计划：“我们聚焦于模块化的许可区块链，目标是达到企业级的生产力。”

拥有微软、IBM和SAP这样的知名参与者的优势是它们在技术和供应链物流方面拥有数十年的专业经验，并拥有跨行业和国际经验。当技术成熟时，它们在技术标准化和规模化方面处于有利地位。其劣势在于这些企业通常从事创建专有平台的业务，而这些业务在竞争性的平台上可能并不总是运行良好。

此外，初创企业在为小企业提供实际服务方面通常是灵活的且处于更加有利的位置，不太可能陷入“混合陷阱”。初创企业并不试图构建与现有系统协作的混合模式（这是成熟企业的常见策略），它们会使用全新的模式，避免受到既有系统的限制（见表 2.1）。

这种情况在历史上并不罕见：一家或多家初创企业崛起，成为市场领导者，剩下那些采用混合模式的成熟企业则处于边缘化的危险中。然而，缺乏进入壁垒使企业之间的竞争异常激烈，许多区块链初创企业大肆炒作，以夸大自己的信誉。尽管这些初创企业中有很多是守法的竞争者，但其他的一些则是“披着羊皮的狼”。“一经售出，概不负责”（“消费者留心”）之类的经验教训永远不会过时。

表 2.1　区块链解决方案提供商的优势

	老派	新派
更丰富的技术经验	√	
更丰富的供应链或物流经验	√	
更丰富的跨行业经验	√	
更丰富的国际经验	√	
更强的标准化能力	√	
更适应规模化	√	
运营更加灵活		√
更多地在小企业中实操		√
更愿意去颠覆		√

正如我们稍后将要讨论的，这使得选择正确的技术合作伙伴对建立和实施一个供应链用例来说至关重要。

无论这些平台是为了使用区块链，还是为了实现它们声称要提供的看起来花里胡哨的功能，都留给了供应链专业人士一个问题：这真的能行吗？这也是我们必须了解炒作的原因所在。

本章要点

- 区块链是一个由密码学支持的分布式数据库，具有使各个部分达成一致的共识机制。
- 区块链所涉及的技术对信息技术（Information Technology，IT）专业人士来说并不难。这意味着，供应链领导者承担了弄清楚能否及怎样明智地使用这项技术这一困难的工作。
- 对供应链专业人士来说，区块链是一个可以为多方交易数据库带来安全的、值得信任的可视性的技术平台。它可以创建透明供应链，因为它允许加密共享的数据库来存储和验证交易记录及任何你想要的与供应链流程有关的数据。
- 区块链至少在六个方面是截然不同的：它既是去中心化的，也是中心化的；它是分布式的；账本中的交易是确认有效的；每个用户都有一个唯一的数字密钥；记录的信息是难以被篡改的；账本受编程逻辑支配。
- 大多数区块链都在下列三个平台之一上运行：超级账本、以太坊和Corda。

第3章

炒作的力量

关于区块链的一些信息会让许多供应链领导者举手做出停止手势，并且说：“慢一点，好吗？这一切听起来有点熟悉，而且好得有点难以置信。”我们对此表示理解。

每当拜访区块链的狂热倡导者或阅读他们的文章时，我们总会不可避免地有一点似曾相识的感觉。一篇研究论文称区块链为一项“革命性的技术”，拥有“最尖端的应用”。另外一篇研究论文预测它将会“在总体上深刻地影响企业的性质”。还有一篇研究论文说它是“一种新颖的、能够解决由来已久的信任问题的方法”，这“可能是自互联网出现以来在IT方面最重要的发展”。

这样的预测听起来出奇地熟悉，你可以将“区块链”这个词换成其他创新技术的名称，如RFID、云、EDI或IoT。

这些技术中的许多都曾带着改变供应链世界的承诺而来，它们也的确为供应链带来了附加价值。我们不是在贬低RFID、云、EDI或IoT，但是它们并没有给供应链的运行方式带来翻天覆地的变化。它们改变了供应链世界的一部分而非全部，而且它们并不总是按照预测的方式改变供应链。

区块链与大约在2003年开始的围绕RFID的炒作有明显的关联。RFID

带着巨大的潜力而来，但是它的许多倡导者在预测时表现得过于狂热。如果你在等待带有 RFID 阅读器的、可以自动补充食物的冰箱，或者在等待 RFID 取代条形码，那么好吧，你只能继续等待了。正如我们稍后将更加详细地探讨的那样，很多这样的预测尚未成真，尽管它们的潜力仍在。

然而，如果区块链与围绕它的炒作相符，那么这些技术中的大多数的重要性预计都会提高。区块链会使它们变得更加重要，而不会使它们变得过时。例如，IoT 的一个困扰是它确认用户身份的能力较弱，而这正是区块链承诺要解决的问题。此外，正如管理学教授尼尔·克什特里（Nir Kshertri）在《国际信息管理杂志》（*International Journal of Information Management*）上的一篇文章里指出的那样，IoT、RFID 标签、全球定位系统（Global Positioning System，GPS）标签和芯片等技术及其他传感器使“始于原产地的、增强的实时货物追踪”成为可能，这使它们非常适合与区块链结合使用。

当然，一些技术的能力达到甚至超出了预测，如互联网。在 1996 年 9 月版的《时代周刊》（*Time*）上的一篇文章中，网景（Netscape）公司前总裁吉姆·巴克斯代尔（Jim Barksdale）称互联网为“技术时代的印刷机”。在同一篇文章中，微软的创始人比尔·盖茨（Bill Gates）称互联网为“一场将极大地改变世界的通信革命，它开启了一种与朋友交流沟通、发现和分享各类信息的全新方式。微软预测互联网将会越来越流行，直到它成为像今天的电话一样的主流产品”。

或者，你也可以想一想围绕着 iPhone 的预测。在 2017 年 1 月的 Macworld 大会上，苹果公司的创始人史蒂夫·乔布斯（Steve Jobs）说：“一台 iPod，一部电话，一个互联网移动通信器……这不是三个独立的设备！我们叫它 iPhone！今天，苹果公司将重新发明手机，而这就是 iPhone。”

iPhone 的确是一个“游戏规则改变者”，而且不仅仅是对手机行业来说。当然，互联网也真正地对我们的世界产生了革命性的影响，其中当然包括供应网络的运营方式。对区块链与互联网进行比较是一种常见的类比推理，而且这样做有充足的理由。互联网是一项支持数百种热门应用的底层技术，其中一些很实用，另外一些则不过是普通的旧趣味。它的影响从电子邮件开始，现在已经影响了由博客、网页和应用程序构建的网络驱动的现代世界，而博客、网页和应用程序改变了我们的工作、社交、购物和娱乐方式，甚至一些人会说它们改变了我们的思考方式。互联网也促进了云计算的出现，从而为区块链提供了技术架构。而区块链又为非常多的潜在应用提供了底层技术平台，这些应用承诺从根本上改变我们管理供应链的方式。

现在，供应链决策者只剩下一个简单的问题：我们可以相信关于区块链的炒作吗？

对于这个问题，唯一准确的回答是“也许”。但是，你肯定不想得到对这样一个重要问题的首鼠两端的回答。因此，我们告诉你我们的真实想法：区块链最终会影响供应链领导者和管理者管理供应链的方式，以及消费者与供应链互动的方式。事实上，它已经产生了影响。而且，我们没有理由不相信它能及时产生革命性的影响。但最有意思的事情（同时也是对供应链领导者最重要的事情）是围绕区块链的炒作（甚至比区块链本身更甚）已经在全球范围内彻底影响了供应链管理的未来。

只是一个数据库

新西兰温和的气候和规律的降雨为四季常青的牧场创造了理想的养殖条

件，在这些牧场中饲养着奶牛。奶牛生产新鲜的牛奶，其中一部分被加工成奶酪、奶粉或奶脂，并且被货船运至太平洋彼岸的美国宾夕法尼亚州的一家工厂。

与此同时，南美洲和非洲西部的一些家庭经营着可可豆农场，他们也找到了合适的运输方式并把这些可可豆运到了宾夕法尼亚州的这家工厂。同样如此的还有来自加利福尼亚州的脱脂奶粉，来自美国南部农场的花生，以及来自美国 11 个州的甜菜。

这些配料经过工厂的独特工序，最终形成了一个混合物，它被亲切地称为里斯花生黄油杯（Reese's Peanut Butter Cup）。这种由哈里 · 伯内特 · 里斯（Harry Burnett Reese）于 1928 年创造出来的巧克力、花生和黄油的混合物被包装好并开始下一段旅程——被送往仓库，然后被送往世界各地的商店，最终到达爱吃甜食的消费者的口中。

这是一个产品供应网络的极简版本。想象一下，这件产品在走向市场的过程中的所有细节能否被加载到一个高度安全的数据库中，并被从农户到物流企业，再到工厂、仓库和商店的管理者，甚至消费者——任何有兴趣查看它和需要使用它的人所共享？

如果这个数据库允许访问在这个过程中的每次所有权转移的证明文件，包括原材料采购的所有权转移和成品从工厂移动到商店时的所有权转移，那么该怎么办？

如果消费者要仔细查看数据库，观看加盖时间戳的视频、图片和文档，以追溯奶脂从新西兰牧场运到宾夕法尼亚州工厂的全过程，还要核实它是否来自用草料饲养的奶牛，那么该怎么办？如果消费者要查看在秘鲁的可可豆田里的工人们被支付了公正的工资的证据，那么又该怎么办？

如果制造商及其供应商要使用这个数据库分析销售趋势，以更加精确地预测需求，从而更好地管理库存和消除牛鞭效应，那么该怎么办？

如果采购团队要将这些数据用于更加透明的协商和更加自动化的采购订单、支付及发票管理系统，那么该怎么办？

如果航运公司要使用这个数据库在船坞即刻处理数字化的法律文件和所有权转移，减少文书工作量，并缩短集装箱从码头到火车（或卡车）再到工厂的等待时间，那么该怎么办？

如果零售商和政府要即刻追溯任意一种原料的来源（具体到某一农场），以确认某种食源性疾病的源头，那么该怎么办？或者他们要核实法律合规性，那么又该怎么办？

如果这个数据库被设定为当这个供应链中的特定条件在特定时间被满足时，新的交易和支付将被触发和记录，那么该怎么办？

我们知道你在想什么：这些正是区块链承诺要解决的事情！

事实上，当你把区块链在供应链管理方面的承诺罗列出来，你会发现它们相当接近你对一个理想化的供应链的所有想法。而且，不论其价值，它们与罗伯特·富尔格姆（Robert Fulghum）的经典著作《所有我真的需要知道的事情都是在幼儿园里学到的》（*All I Really Need to Know I Learned in Kindergarten*）中介绍的经验也十分接近。换句话说，如果你愿意，那么你当然可以将其复杂化，但它们真的是非常基础的东西。

理想化的供应链提供了正确的范围，其受正确的能力的影响，这些正确的能力能够导向正确的结果。因此，当我们想到一个理想化的供应链时，我们可以将其关键特征按照范围、能力和结果等进行分类。而当我们在供应链的背景下审视区块链的承诺时，这些承诺也应该被放进这些类别。

在大多数情况下，它们正如表 3.1 描述的那样，我们一起来看看吧。

表 3.1　区块链与理想化的供应链

所有我真的需要知道的事情都是在幼儿园里学到的——罗伯特·富尔格姆	理想化的供应链 S：范围 C：能力 R：结果	区块链的承诺
1. 分享一切	可视性（C）	分布式，去中心化，多个参与者
2. 公平行事	协作（C） 可靠性（R）	去信任的信任（共享的流程和备案）
3. 不打人	合乎道德的（C）	不可篡改性
4. 把东西放回原处	业务一致性（C）	所有权转移记录
5. 清理干净自己制造的脏乱	可持续性（R）	内部责任制
6. 不要拿不属于自己的东西	国际化的（S） 跨职能的（S） 跨企业的（S） 细分的（C）	加密保护
7. 伤害别人时要道歉	可追溯性（C）	可追溯性
8. 吃饭之前要洗手	集成（C）	共享单一事实
9. 便后冲水	有效率的（C） 实时的速度（R）	速度（交易几乎是即时的）
10. 热曲奇和凉牛奶对自己有益	以顾客为中心（C）	服务于市场需求
11. 平衡自己的生活——学一学，想一想，画一画，涂一涂，唱歌、跳舞、娱乐、工作，每天都做一些	集成（C）	不可篡改性
12. 午睡	适应性（C）	敏捷，提高效率；减少管理费用和对中介的需求
13. 外出时注意交通安全，和朋友手牵手，团结在一起	韧性（R）	互操作性
14. 意识到奇迹的存在。记住泡沫塑料杯里的小小种子：根向下而茎叶向上，没有人真正知道这是怎么发生的或为什么，但我们都像那样	敏捷的 / 反应灵敏的（R）	可编程控制的

（续表）

所有我真的需要知道的事情都是在幼儿园里学到的——罗伯特·富尔格姆	理想化的供应链 S：范围 C：能力 R：结果	区块链的承诺
15. 金鱼、仓鼠、小白鼠，甚至泡沫塑料杯里的种子，它们都会死去。我们也是	可预测性（C）	可预测的
16. 记住《迪克和简》（*Dick and Jane*）系列丛书和你学到的第一个字——最重要的那个字——“看”	信息丰富（C）	可视性

至此，你可能会有一个愉快的心情。供应链的涅槃即将来临！好吧，你猜怎么着？你不需要借助区块链完成这些事情，一件事情也不需要。

扎克·斯蒂尔曼是阿肯色大学萨姆·沃尔顿商学院信息系统系的助理教授，也是一位区块链专家。他的研究证实了我们在写这本书时学到的东西：区块链（至少在应用于供应链时）实际上只是数据库技术发展的下一个阶段。斯蒂尔曼告诉我们：“我将区块链从根本上看作一个由密码学支持的分布式数据库。它只是一个数据库，具有使各个部分达成一致的共识机制……其核心部分在20世纪六七十年代就已经出现了——分布式数据库和密码学。只不过，直到21世纪前10年的末期，才有人将它们以这种形式组合在一起。”

这就是为什么当你在宽阔的区块链大伞下挖掘可以提供给企业的解决方案时，你可能会发现自己在说这样的话：“我们可以用数据库来做这件事。”你可以在数据库上创建一个区块链，可以对数据库进行编程以执行一个智能合约，可以使用数据库追溯一件产品的源头，还可以使用现有的数据库技术完成区块链为供应链世界所做的几乎所有的事情。

即使是区块链最热情的倡导者之一——一位曾经参与多个区块链技术试点的IBM解决方案专家，也不会反驳这一点。杰弗里·凯勒（Jeffrey Keller）告诉我们：“区块链与过去的经典技术之间有一些基础性的技术差异，但我认为，从概念上说，你当然可以用代码和数据库完成许多同样的事情。”

但事实是，你并没有这么做，至少不是在一个可以带来更高效的供应网络的广泛范围内。

想象一些诸如清理主数据库之类的事情。正如一位供应链领导者告诉我们的那样，这是一项没有人想做的工作，而且人们往往会将其列为“不重要”的工作。但是，为了有效地使用区块链，你需要清理那个数据库。所以，本来就应该优先的事项成了真正的优先事项，而且它被完成了。事实上，我们会反复告诉你，如果将区块链引入不良的流程或系统，那么它并不会修复这些不良的流程或系统，它只会使这些不良的流程或系统自动化。而且，将有缺陷的数据输入区块链平台之后，区块链平台并不会净化这些数据。那些你放入区块链平台的“垃圾”在被拿出来时还是一样难闻。如果你没有从使用相同标准的、正确的合作伙伴那里获得正确的信息，那么从数据库中获得的启示将会是不完整的或彻底错误的。正如一家科技公司的代表在我们主办的一场会议中所说的，我们可以用一个关系数据库解决所有这些问题，只要你强迫每个人都参与进来。

供应链世界早就知道，它需要合作伙伴之间相互信任的协作、实时的数据、关键标准的一致性、更高程度的可视性、更快捷的可追溯性，以及区块链炒作所宣扬的其他花里胡哨的功能。现有的数据库技术能够做到其中的很多事情，但是供应链世界并没有这样做，这在很大程度上是因为供应网络由多个独立的企业构成，它们有不同（有时甚至相互竞争）的议程。它们一起工作并相互依靠，但是很少能够在为所有人的共同利益而协作上达成共识。这些企业中的数据有时仍然是打印的甚至手写的，而不是数字化的。这些数据往往会以线性的方式从一个合作伙伴传递到下一个合作伙伴那里，并以不同的标准被重新写入一个不同的系统，直到它们被再次传递给下一个合作伙伴。事实上，现代的全球化供应链通常可以用一个词概括——支离破碎。

因此，区块链对企业最大的好处不是它将做到我们之前做不到的（尽管它毫无疑问会使一些重要的创新和效率提升成为可能），而是它正在又推又拉地将供应链世界引向过去20年本该实施的创新。区块链正迫使很多潜在用户修复其不良流程和系统，清理其数据，并且在行业内和跨行业的范围内为创建基于共同利益的共享解决方案而工作。归根结底，这就是区块链对供应链专业人士来说事关紧要的最大原因：围绕这项技术的炒作正在促使供应网络发生一场全面的、不可避免的巨变。

RevUnit是一家技术设计公司，当它开始为客户探索区块链的潜力时，它很快就领悟到了这一点。斯普鲁斯·范斯坦（Spruce Feinstein）是RevUnit的一位软件架构师，他说："……组成区块链的技术确实很有趣，但并不像炒作所宣扬的那么新颖。"但他很快补充道："我们已经看到区块链发挥了催化剂的作用，迫使企业和消费者思考……透明性和数据共享。那些对话和协议有可能对很多行业造成重大影响。"

区块链在供应网络的背景下不是破坏性的，但围绕它的炒作具有这一特征。这种炒作不同于围绕着以往任何一项技术的喧嚣之声，正在推动多个行业里前所未有的投资。玛丽·拉塞蒂是阿肯色大学卓越区块链中心的主任和《企业经理的区块链指南》的作者。她发现，到2018年初，美国企业已经在区块链上投资了约12亿美元，IBM、SAP和微软等专业化服务公司又投资了10亿美元，而风险投资人向与区块链相关的初创企业投入了约40亿美元。

高德纳（Gartner）是一家位于美国的技术研究公司，它预测对区块链的广泛投资将导致区块链的商业价值增加，"到2025年，区块链的商业价值略高于1 760亿美元，而到2030年其商业价值将超过3.1万亿美元"。

这类投资是IT行业高管和专家预测最快到2025年全球GDP的10%将

储存在区块链上的原因之一。所有这些投资都与供应链的商业挑战无关，但它们都是变革的结果之一。这种变革有潜力产生网络效应，使供应网络在标准和最佳实践上保持一致。供应网络将会经历一次重大的革新，并将变得更有效率、更有生产力、更透明、更充分地协作和更值得信任。

请想象一辆经过改装的经典汽车。美国有一档电视真人秀节目“油猴车场”（Gas Monkey Garage），节目中的人物会买一辆经典汽车并把它带到他在达拉斯的修车铺里，花费数千美元和几个星期去拆卸汽车的内部零件，替换成现代的零件、花哨的配件，并为它喷上新潮的面漆。虽然它还是那辆车，但它不仅外观更好看了，而且效能远胜从前。这种革新所需要的就是合适的零部件、合适的机械师，以及对投资的承诺（这是最重要的）。

从炒作到落地

众所周知，新技术被炒作时会经历五个基本的阶段。高德纳提出了一个通用的示意图（见图 3.1），展示了一项技术的创新触发、膨胀期望的顶峰、幻想破灭的低谷、价值开悟的斜坡和稳定产出的高原。膨胀期望的顶峰代表了炒作的高潮，但当没有可扩展的成功事例紧随其后时，它很快就会消失在幻想破灭的低谷中。如果这项技术确实有实际价值，那么它会经历价值开悟的斜坡，然后到达稳定产出的高原。

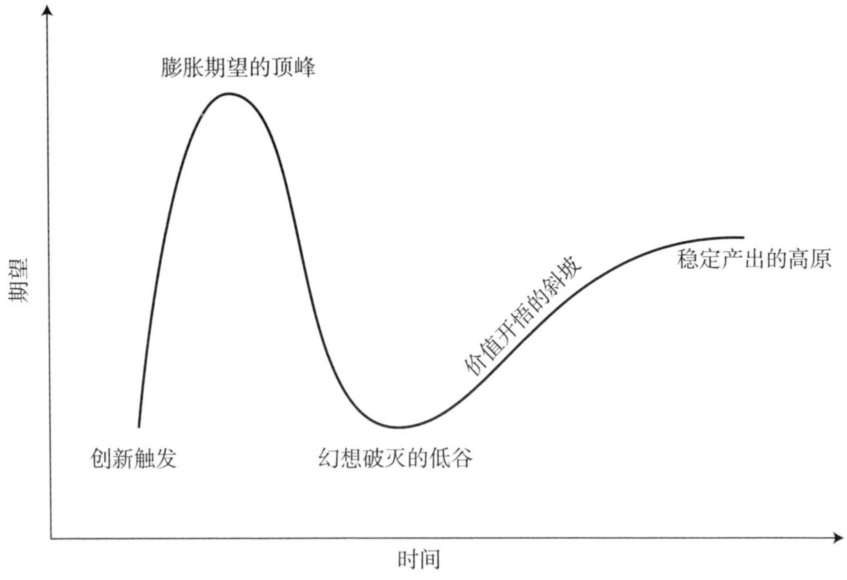

图 3.1　高德纳炒作曲线

2018 年，高德纳的团队在炒作曲线上标记了 10 余项新兴技术，并做了一些预测分析（见图 3.2）。简而言之，高德纳相信区块链已经越过了膨胀期望的顶峰，正在掉向幻想破灭的低谷，距离稳定产出的高原还有大约 10 年的时间。

我们对高德纳的团队怀有极大的敬意，而且基本同意他们的分析。但是，我们也有一些不同的观点。例如，10 年这个估计可能过于乐观了，但这只是一个小问题。我们在展示区块链炒作时与他们的更大分歧在于这项技术进入成熟稳定期之前的走向。在我们看来，围绕着区块链在供应链中的潜在应用的炒作急剧增加，但随后实际上保持了稳定，没有任何广泛的、可扩展的成功案例。换句话说，区块链的炒作超越了已经被证实的成功案例，而且正在挑战传统的炒作周期（见图 3.3）。

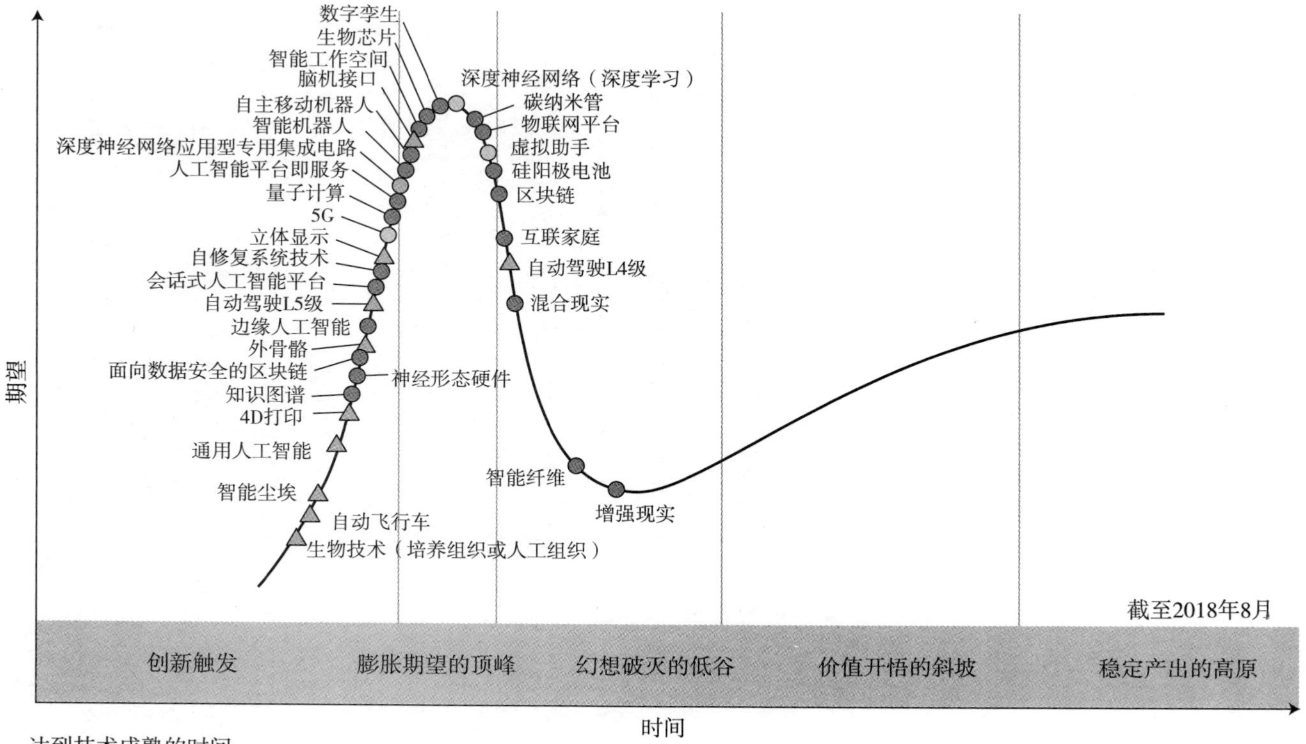

达到技术成熟的时间：

○ 少于2年　　● 2~5年　　● 5~10年　　▲ 超过10年　　⊗ 在成熟之前即被淘汰

图 3.2　新兴技术的炒作周期

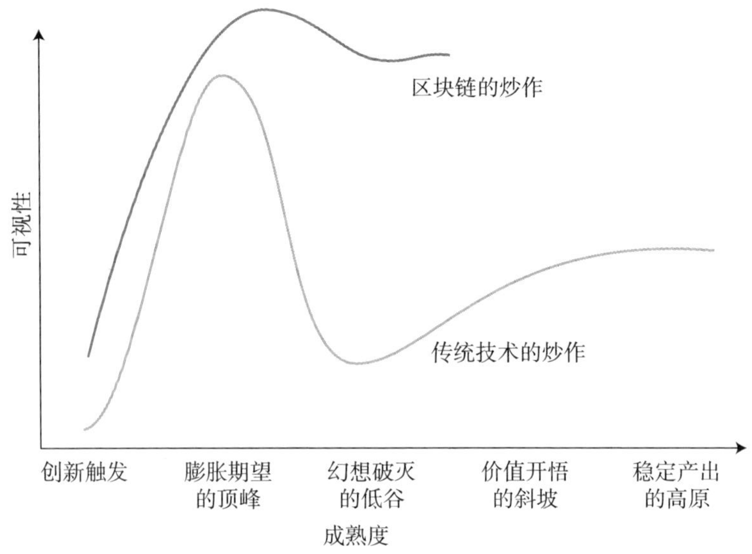

图 3.3　本书认为的区块链炒作曲线

怀疑论者会让你相信区块链没有成功的商业应用，而且将来也没有什么希望。事实上，有几个真实的案例以不能轻易被其他技术复制的有效方式应用了区块链。更重要的是，正如我们已经指出的那样，世界上的一些大企业正在大规模地投资开发区块链的商业用途。这实际上正是区块链的炒作获得如此势头，而且迄今为止在大体上避免了掉进幻想破灭的低谷的原因。

我们对区块链的看法与其他人略微不同的一个原因可能是，我们的焦点是供应链管理。围绕区块链的更广泛的炒作通常与比特币或其他数字货币相关。因此，从 2017 年年末到 2019 年年初，你可能听到了关于区块链潜力的更多否定的说法。例如，《福布斯》特约撰稿人帕米·奥尔森（Parmy Olson）在 2019 年 1 月写道："作为一个热词，区块链已经在高管中'失宠'。"她还写道："这项技术的最大问题是不能规模化。每天都有数百万人使用信用卡，但是最初支撑起比特币的区块链一次仅能处理数百笔信用卡交易，这意味着它永远也不会成为主流。"

然而，与比特币相比，供应链应用中的区块链并没有类似的限制。比特币面临的主要限制通常与“挖矿”相关，而这极少在供应链应用中的区块链中出现。在供应链中，正如我们稍后会详细讨论的那样，区块链更多地受网络参与者规模扩大能力（例如，让更多供应商加入，特别是在原材料供给侧）的限制。

像微软、IBM 和 SAP 这样的科技和软件巨头都在与其他企业及政府部门合作，它们在某些情况下还会相互合作，测试区块链的供应链用途。截至撰写本书时，至少有 40 家财团和联盟，如运输业区块链联盟（Blockchain in Transportation Alliance, BiTA），正在努力使它们所处的行业或多个行业在区块链使用方式上保持一致。几十家风险投资机构资助的初创企业和多家物流相关企业也在提供区块链解决方案，或者致力于将区块链整合到其供应链中。

以下是一些著名的项目。

- 鹿特丹港帮助创建的区块链实验室（BlockLab）是一个成立于 2017 年的由工程师、开发人员和其他合伙人组成的联盟，旨在探索利用区块链改善能源和物流行业的潜在方式。
- 美国国务院在 2018 年与可口可乐公司、非营利组织区块链信任加速器（Blockchain Trust Accelerator）一起参与了一个区块链试点项目，该项目旨在建立一个安全的员工劳动合同登记系统，用于打击可口可乐公司部分供应商的强迫劳动行为。
- BiTA 在区块链上拥有超过 250 个成员，其货物运输量占美国国内货物运输量的 70%。运输业区块链联盟创建于 2017 年 8 月，旨在帮助制定运输和物流行业的区块链标准并提供相关培训。
- IBM 与多家物流行业的中坚力量一起合作，包括航运巨头马士基和堪萨斯南方铁路公司。

- 沃尔玛、克罗格（Kroger）、韦格曼斯（Wegmans）、怡颗莓（Driscolls）、雀巢（Nestlé）、达能（Danone）、味好美（McCormick）、都乐（Dole）、联合利华和泰森食品公司等 10 多家食品行业的主要参与者在 2017 年与 IBM 一起组建了一个联盟，开始协作创建涉及区块链的有效商业解决方案。
- 联合利华与马拉维的银行和多达 10 000 名的农户合作，在 2017 年年末启动了一个为期一年的试点项目，以辅助管理其茶叶供应链中的金融交易。联合利华希望提高茶叶从农场到商店的追踪效率和精确度，在那些想要获得可持续来源的茶叶的消费者中建立信誉。
- 沃尔玛与 IBM、京东、清华大学一起创建了区块链食品安全联盟（Blockchain Food Safety Alliance），以促进并改善彼此在食品追溯上的协作。

很少有大企业在推动区块链项目方面比沃尔玛做得更多。沃尔玛启动了一个试点项目，在中国对从农场到超市的包装猪肉进行追踪。接着，它又开展了一个更大的试点项目，以追踪从墨西哥农场到美国商店的袋装杧果。到 2017 年年底，沃尔玛通过 IBM 的食品信任（Food Trust）区块链平台上追踪大约 12 种食品，这个数量在 2018 年年底时超过了 30 种。

沃尔玛还提交了若干与区块链相关的专利申请，但并不是所有的专利申请都涉及食品安全。例如，在 2018 年 6 月它被授予了一项专利，该专利涉及一个使用区块链记录医疗信息的系统。其作用是，有一定医疗风险的人可以使用可穿戴设备记录其医疗信息，在患者无法交流的紧急情况下，急救人员或其他医疗人员可以使用一个 RFID 扫描仪来获取这些信息。

基于其他专利申请，沃尔玛也在其他方面发现了区块链的潜在价值，例如，转售已订购的产品，创建智能包裹系统以实现追踪和追溯，甚至建立基于加密数字货币的电力网络。一个名为“自动机器人的现场认证系统、设备和方法”的专利申请描述了一个用于管控在供应链上递送包裹的无人机和机器人的区块链赋能系统。

大多数企业都没有提交专利申请，但是它们对区块链提高供应链效率的潜力很感兴趣。然而，很少有公司能超越试点阶段，绝大多数供应链专业人士在区块链方面的问题远多于答案。关于区块链的讨论令人感到如此纠结的原因之一就是它提供了如此之多的答案，但也带来了如此之多挥之不去的问题。区块链被炒作出来的承诺是巨大而诱人的。

下面列出的仅仅是这些承诺中的一部分。

- 区块链可以通过提供安全可靠的实时访问和对整个供应链流程的洞察，提高供应网络的透明度，防止欺诈。这不仅有利于企业，而且有利于消费者，因为它承诺对消费者所购买的产品进行更加深入的观察和了解。例如，英国 Blockverify 公司的一个试点项目允许医疗专业人士和消费者扫描药物并核实其完整性。而在食品行业，如果有比实际产出更多的“有机”食品被售出的说法流传，区块链的值得信任的可视性就可以帮助消费者核实这些说法，并增加消费者的信心和忠诚度。美国 FDA 的扬纳斯说：“在我看来，在 21 世纪，如果人们想知道他们买的是什么，他们买的产品是怎样被制造出来的、在哪里被制造出来的、从哪里来的，他们就应该知道。我不知道为什么这些信息要对消费者保密，是这么回事吧？而且消费者越来越需要这些信息。”
- 区块链可以通过可靠的自动化在供应网络的每个阶段都提高效率，以节约成本。例如，供应链管理者能够追踪供应链中的产品，与供应商及其他合作者共享信息，追踪发票和付款，核实证书和交易，更好地管理供给和需求、库存及货物运输，解决大量的合同管理问题，为消费者提供精准的信息。

- 区块链可以提供一个更快捷的产品原产地追溯方式，以避免在召回期间发生食品安全问题。
- 区块链可以让多个用户分布在一个复杂网络中，而不是像在传统的筒仓式信息共享系统中那样，用户只能一对一或一对少数。
- 区块链可用于追踪合规性问题并简化执法。

当参加我们在 2018 年举办的供应链区块链研讨会的经理和高管被问到，是什么因素推动他们考虑在供应链中应用区块链时，他们不约而同地提到了许多好处（见图 3.4）。

图 3.4　在供应链中应用区块链的驱动因素

第一到第五个驱动因素是关于透明度和可视性的，而且我们对参与者的访谈清楚地表明，我们的最终目标是向着我们之前定义的右上象限（见图1.3）移动——共享整个供应网络的流程改进。一位参与者说："如果我们能够更快地使整个供应链拥有更高的透明度，我们就可以开始识别需要改进的流程，例如，在应对食品安全问题的情形下需要改进哪些流程。"

有望实现所有这些好处的前景是关于区块链的好消息。但是，这类信息披露往往伴随着风险并且会暴露企业的弱点，这并不总是舒服的、轻松的，甚至有时对企业是不利的。有很多问题围绕着下列议题：安全性、保密性、责任制、保护专有信息、法律合规性、与现有的和正在发展的技术的集成、互操作性、技术人才匮乏、关于标准的协定。

这就是为什么在已经被证实有意义的方面区块链的进展仍然十分缓慢。马特·希金森（Matt Higginson）、马里-克劳德·纳多（Marie-Claude Nadeau）和考斯基·拉加戈普尔（Kausik Rajgopal）在一篇为麦肯锡公司（Mckinsey）撰写的文章中指出，企业的大多数区块链的原型仍停留在其生命周期的初始阶段。他们写道："根本问题在于，尽管有数十亿美元的投资和几乎同样多的头条新闻，但是关于区块链的实际可扩展应用的证据仍然很少。"当像扬纳斯这样的区块链倡导者说"我还从未听到任何我认为会引起全场轰动的挑战"时，他们足够现实地意识到了挑战，并且认识到如果区块链想要被广泛采用，就必须解决这些挑战，并拥有他们所预测的影响力。当然，这正是本书的一部分价值所在。本书会帮助你应对这些挑战，并更好地确定区块链是否、何时及怎样应用于你所在的行业和企业。我们将根据试点项目的成功经验和失败教训来介绍可以做和不可以做的事情，这会帮助你避免在前进的道路上陷入困境。

本章要点

- 如果区块链与围绕它的炒作相符，那么其他的很多供应链技术的重要性预计都会提高。
- 区块链最终会影响供应链领导者和管理者管理供应链的方式，以及消费者与供应链互动的方式。但围绕区块链的炒作（甚至比区块链本身更甚）已经在全球范围内彻底影响了供应链管理的未来。
- 你可以使用现有的数据库技术完成区块链为供应链世界所做的几乎所有的事情，但你并没有这么做。区块链对供应链专业人士来说事关紧要的最大原因是，围绕这项技术的炒作正在促使供应网络发生一场全面的、不可避免的巨变，它正在将供应链世界引向过去 20 年本该实施的创新。
- 如果将区块链引入不良的流程或系统，那么它并不会修复这些不良的流程或系统，它只会使这些不良的流程或系统自动化。
- 将有缺陷的数据输入区块链平台之后，区块链平台并不会净化这些数据。那些你放入区块链平台的“垃圾”在被拿出来时还是一样难闻。
- 围绕着区块链在供应链中的潜在应用的炒作急剧增加，但随后实际上保持了稳定，没有任何广泛的、可扩展的成功案例。换句话说，区块链的炒作超越了已经被证实的成功案例，而且正在挑战传统的炒作周期。

第 4 章

区块链的采纳壁垒

已故的金匠出身的德国发明家约翰尼斯·古滕伯格（Johannes Gutenberg）在大约 600 年前发明了一种新奇的装置——活字印刷机，它能以世人从未见过的方式进行大规模炒作。讽刺的是，围绕他的发明的实际炒作却很少。而且，就算曾经有，那也肯定是批评和怀疑。

这个东西能改变世界？当时的批评者可能会嗤之以鼻。这个东西肯定不能让世界变得更好！这个东西一旦流行起来，将会是文明社会的终结。它会把信息传递到那些既用不着也弄不懂这些信息的人的手中和头脑里。想一想，它会让虚假信息以多快的速度传播？再说了，急什么？我们真的需要在 1 小时里印刷 250 页吗？最好把抄写员的工作留给抄写员去做！

用现在的话来说，那时候古滕伯格的印刷机是一种测试版技术，它是未经证实的、不稳定的、不成熟的。换句话说，这和现在区块链的情况一模一样。许多企业并不轻易接纳测试版项目，这些企业对缺乏明确的范围或清楚的预算、不可避免地会出现新的实施挑战的项目不感兴趣。

古滕伯格的印刷机没花多长时间就克服了阻力（有一些，但不是很大），并真正开始改变世界。“没花多长时间”是相对的。古滕伯格开始研究印刷机是在1436年左右。关于这项伟大发明的最早的已知官方记录直到1439年才出现，当时在一场针对古滕伯格的诉讼中，证人在他们的证词中对它进行了描述。最终，古滕伯格在德国的美因茨开了一家印刷厂。正是在那里，他于1452—1454年的某个时间印刷了拉丁文版的《圣经》，那时距他的发明问世已经过去近20年了。

到1481年（又过去了近30年），据估计至少在德国的40个城市、意大利的40个城市和荷兰的20多个城市里出现了印刷厂。而在欧洲以外的地方，印刷机的推广花费了更多的时间。殖民者、商人和传教士在奔走于世界各地时发挥了印刷机的作用，一些本土文明则抵制它。例如，这种印刷技术因抄写员和学者的反对而在1483—1729年被奥斯曼帝国禁止使用。

当然，这项技术最终在世界上被广泛采用，开启了改变社会各个层面的大众传播之路。它使马丁·路德（Martin Luther）将《九十五条论纲》（*Ninety-five Theses*）的副本钉在了德国维滕贝格诸圣堂的大门上，从而引发了宗教改革；它促进了思想传播，鼓舞了后来建立美利坚合众国的人们。历史学家戴维·拉姆西（David Ramsey）认为，在美国独立战争中“笔和印刷机有着与剑同等的功绩”。

印刷机造就了有文化的读者，也创造了一种接触他们的方式，从而推动了印刷机的进一步创新和应用，最终推动了数字通信的出现，数字通信让今天的印刷品反而有一种新奇感。

从印刷机的发明到互联网的发明经历了大约550年。这两种技术被采纳的速度可谓天差地别，但它们有共同的主题。区块链被采纳将会花费多长的时间呢？我们不太可能知道，但是超级账本的执行董事贝伦多夫在2016年曾说，区块链“仍在一个为期20年（如果不是50年）的技术采纳和成熟周期的早期阶段”。换句话说，它获得广泛应用将会花费很长的时间。

识别障碍

一家欧洲的跨国快消品公司的企业架构师和数字化经理总结了我们经常从区块链专家那里听到的一些内容。他告诉我们："关键不在于技术，而在于了解流程和获得合作伙伴，而且这项技术并不难。"

我们询问参加我们举办的区块链研讨会的 EMBA 校友，什么是他们面临的最常见的采纳壁垒，"缺乏了解"之类的问题被他们列为首位（见图 4.1）。

此外，参与者还从如何将区块链集成到现有的供应链流程中及相关的收益、成本和投资回报率等方面提出了问题，并认识到了更深入地了解这几个方面的必要性。其中一位参与者说："启动一个区块链试点并不难，也并不贵。但是，当完成了最初的对概念的技术性验证之后，问题就变成了如何将该试点扩展到整个供应链，这样做的成本和投资回报率将会是多少，我们对此没有足够的了解。"

我们从研讨会的讨论中可以清楚地看出，参与者对技术本身的关心非常少，更关心如何很好地应用和推广这项技术。这意味着供应链管理者已经在用例开发和技术实施路线方面取得了进展。这是一件好事情，因为相关研究表明，区块链有时是先被挑选出来，然后被应用到区块链解决方案中的。

对将区块链集成到现有流程中缺乏了解
4.05
对潜在的好处缺乏了解
4.00
对成本和投资回报率缺乏了解
4.00
投资回报率的不确定性
3.89
对区块链技术的短板缺乏了解
3.80
缺乏与区块链有关的商业案例
3.70
对区块链技术缺乏了解
3.70
实施区块链的成本
3.55
隐私问题
3.50
与现有技术的融合问题
3.45
与数据完整性有关的安全问题
3.40
区块链应用的扩展性有限
3.39
区块链的成本
3.32
对安全或监管问题缺乏了解
3.30
区块链的速度不够快
3.30
区块链应用缺乏互操作性
3.26
数据质量差或缺乏完整性
3.21
培训需求
3.20
大量的利益相关者参与决策
3.16
区块链试点的成本
3.16
供应链上游合作伙伴的管理负担
3.16
缺乏标准
3.05
区块链上信息的分析难度
3.05
数据库的集成难度
3.00
区块链中的数据不够安全
2.89
区块链中的数据缺乏完整性
2.89
员工的使用难度
2.80
区块链的软硬件技术问题
2.75
系统可靠性问题
2.70
0.00 0.50 1.00 1.50 2.00 2.50 3.00 3.50 4.00 4.50

图 4.1　采纳壁垒

采纳壁垒

我们将在后续章节中讨论如何在实施过程中建立流程和伙伴关系。在学习那些章节之前，对那些最主要的区块链采纳壁垒有一个基础性的了解是很有益处的。

在对各种研究、访谈和文献进行评估之后，我们可以得出结论：供应链领导者应该主要关注在供应链中应用区块链的九个重要壁垒。令人毫不奇怪的是，这些壁垒中的大多数都属于维护合作伙伴关系的广义范畴。

协作

供应网络中的所有参与者都必须为区块链做出贡献，因为区块链是一项“团队运动”。供应链中任何不能或不愿参与进来的重要参与者，即使在最好的情况下也代表着流程中的无效成分，在最糟的情况下甚至是成功的拦路石。

IBM 区块链解决方案部门副总裁拉梅什·戈皮纳特（Ramesh Gopinath）告诉美国杂志《连线》（*Wired*）的路易斯·马特萨基斯（Louise Matsakis），说服供应链中的每个人都转向使用区块链是在供应网络中使用这项技术的最大障碍之一。戈皮纳特说：“你必须确保供应链生态系统中的每个人都能从中获得一些东西，这非常困难，而且需要花费很长的时间才能解决。”

潜在的参与者不愿参与进来，通常是因为他们看不到区块链给自己的组织带来的好处，害怕自己参与进去会给竞争对手带来太多的好处，其业务缺乏财务稳定性，其内部习惯性地抵制流程和技术变化，仍有安全顾虑，或者几种原因都有。

一些组织，特别是那些扮演着传统的中介角色的组织，以及这些组织中的一些个人，出于新技术可能会让他们失去工作的担忧，可能会（主动地或被动地）抵制它。这是大多数新技术在获得认可前的一个常见的挑战，而且它已经被证明是技术（如 RFID 技术）采纳的一个障碍。

扬纳斯告诉我们，作为区块链先驱者之一，沃尔玛一直在向潜在的合作伙伴分享区块链的好处，并使其更容易参与进来。他说："我们由衷地相信，区块链是一个允许创造共享价值的数据模型。这是一个对我们来说非常重要的概念——共享价值。有了区块链，每个人都可以从这个生态系统及其所共享的价值中获益。"

他发现，区块链对食品安全最大的价值之一就是它不仅能够迅速识别问题的根源，而且能够迅速地为那些与问题无关的参与者证明清白。他说："农场主和加工厂主都喜欢这个主意，因为这能够挽救他们的声誉。"这一点在一场食品安全危机中当然很重要，但在普通情况下也同样重要。例如，当一种产品的保质期比预期短时，加工厂常常会受到指责，但区块链能帮助它们证明产品在生态系统中属于它们的那一部分里是高效流通的。区块链还允许农户以前所未有的方式与消费者建立联系，因为消费者可以扫描一袋生菜的包装上的二维码，详细了解种植生菜的农户。扬纳斯说："因此，共享价值的概念就是人们参与区块链生态系统的原因，它更加民主化。"

标准化

然而，找到愿意协作的参与者只是其中的一道难关。每个参与者还要按照协商一致的标准和定义参与进来，否则，区块链就会像其他共享数据库一样无法有效地运行，甚至可能完全运行不起来。

GS1 从事的是开发标准的业务，因此它参与到区块链的讨论中也就不足为奇了。GS1 美国分会顾问吉娜·摩根（Gena Morgan）指出："写入一个共享的账本里的交易需要标准化。唯一的标识和标准化的语言是供应链可视性的核心。否则，谁知道其他人在说什么？"

扬纳斯支持在标准化方面跟随 GS1 的引领，他认为区块链是企业更加广泛地采用这些标准的催化剂，这些标准对区块链的成功应用至关重要。他说："如果你试着不在区块链中实行标准化，那么你可能认为情况没那么糟，但和你现在面临的情况很相似，不同的系统之间无法交流……标准是构建系统的 DNA。"

这些标准各不相同，在采用 RFID 和 EDI 等供应链技术时，它们却成了一个问题。它们可能看起来像产品上的条形码，但也包含一个行业或一家企业所使用的术语。例如，IBM 与堪萨斯南方铁路公司合作开展区块链试点时，IBM 要求堪萨斯南方铁路公司提供的数据与铁路行业使用的数据相匹配。然而，IBM 的程序员最初并没有在货运文件中找到任何有关集装箱重量的信息，而这是铁路数据的一个关键组成部分。在与堪萨斯南方铁路公司进行了一些讨论之后，IBM 意识到运输重量可以根据每个集装箱上标识的缩写字母来计算。例如，TEU 是 Twenty-foot Equivalent Unit 的缩写，它基于一个 20 英尺（约 6.67 米）长的标准集装箱的体积来衡量一艘货船的运载能力。一个 TEU 标准集装箱并不是质量的度量单位，但它提供了足以得出结论的信息。

IBM 首席客户管理合伙人杰弗里·凯勒说，当他们发现了这一点之后，那个问题"在两分钟内就解决了"。但是他强调，不同企业之间沟通这些细节至关重要，"这是为什么多个主体之间的沟通会如此复杂的一个小例子"。

环境越复杂（例如，有来自多个国家、多个行业的多个合作伙伴时），挑战就越大。凯勒告诉我们："我想到了EDI所面临的一个基础挑战，那就是对于同一个单词，你可能会有多个不同的解释。尽管我们非常希望在EDI世界中建立一个标准，但目前只能进展到这个程度。不过，这类讨论仍在继续……这并不是什么高深的科学，它只是一步步地让大家说一致的语言，并且有恰当的翻译，这将使得信息的流动更加顺畅。"

在一个非常简单的供应链中保持定义和标准的一致性往往是十分容易的，但尽管如此，我们仍面临一些挑战。同样就职于IBM的丹尼斯·格尔森回忆起与一家快消品公司的合作，该公司对"一例"产品有好几种不同的定义。换句话说，对该公司内部的某个部门来说，"一例"产品可能包含2升的瓶装碳酸饮料和7盎司（约合0.028 4升）的盒装果汁，或者1夸脱（约合1.136升）的罐装意大利面酱。

格尔森告诉我们："如果一箱产品不是'一例'，那么它就不是一例产品。是的，他们正在使用像GS1这样的标准，但它只提供了数据的格式，并没有告诉你一件物品的定义是什么。如果你在零售供应链中工作，那么你需要了解一件物品及一个SKU的定义。我的意思是，这些基础知识不会随着区块链的出现而消失。如果有什么不同，那就是这些基础知识变得更加重要了。这是因为，一旦你把一切都放到能被各个相关方看到的分布式账本上，他们看到的信息就是相同的。各方内部的官样文章、混乱状态及痛点，对他们的贸易合作伙伴来说都是可见的。"

标准化的问题可以通过多种不同的方式加以解决。例如，程序员正在融合现有的技术（如EDI），并使用那些技术标准。沃尔玛总体上支持在标准化方面跟随GS1的引领。BiTA等行业联盟也在努力地创建标准，尽管让众多的参与者达成共识的过程并不迅速，也并非总能满足每个参与者的具体需求。BiTA行业联盟还需要考虑供应链经常在多个行业之间互动的事实。当区块链的参与者来自使用不同标准的不同行业时，结果会怎么样？简单来说，不会发生什么事，因为它无法正常运行。所以，虽然行业组织可以在制定标准这个方面发挥作用，但它们也需要在更大的生态系统中开展合作。

互操作性

技术标准至关重要的一个原因是区块链合作伙伴需要在工作中使用兼容的软件，但现在软件有多个不同的版本。没有现成的企业级解决方案供企业购买并立即在几十个合作伙伴中实施。多个参与者正在竞争成为行业标准。一些参与者会不可避免地像录像机的 Betamax 格式那样成为区块链标准之争中的输家，另外一些参与者则会像家用录像系统（Video Home System，VHS）格式那样成为赢家。

堪萨斯南方铁路公司高级副总裁迈克·纳茨（Mike Naatz）告诉我们，他看到人们想要抱团、协作，因为他们明白这是区块链获得成功的必要条件。但与此同时，他们也在努力地保护自己的商业利益。因此，看看这样的情况如何随着时间的推移而发展变化将会非常有趣。

区块链在涉及六七个合作伙伴的试点中可能运行良好，但生态系统越大，它就会变得越复杂。随着企业度过试点阶段并寻求扩大应用规模，企业可能会发现更多的关键合作伙伴已经带着其在各自的试点项目中创建的一些不同类型的区块链，准备好加入了。

凯勒坚信，以正确方式打造的区块链解决方案将能够融合其他架构良好的区块链。但他强调，实现这个目标的关键是市场中相互竞争的参与者为了共同的利益而成为合作伙伴。这就是为什么你能看到 IBM 与 SAP 合作，而规模较小的参与者（往往是更灵活、更具破坏性创新能力的企业家）则不太可能与规模较大的参与者合作，这可能是因为他们自己不愿意，也可能是因为他们根本没被邀请参与这场盛会。

沃尔玛的盖格指出，一些企业级解决方案提供商会为用户构建自己的解决方案，这样用户就被锁定在其独有的生态系统中。专属的解决方案可以在一个简单的供应链或高度管控和封闭的供应网络中运行。例如，一个垂直一体化的制造商可以在一个专有区块链中创建应用程序，以追踪零部件的生产批次。同样的理念可以扩展到第三方原始设备制造商（Original Equipment Manufacturer，OEM）上，成品制造和装配可以只由少数几家同意使用相同系统或平台的彼此竞争的 OEM 完成，这行得通是因为供应网络是封闭的。

更加复杂的供应网络（拥有多个向其他参与者采购原材料和向其他参与者销售产品的参与者）需要更大的弹性。假设你是一个种植水稻、大豆和棉花的农户，这些农作物中的一种或全部可能会被卖给多家经销商，而且你想要一个成本低、时效性强的区块链平台。如果客户分布在不同的专有平台上，那么你可能会选择退出。你不想为使用多余的平台付费，也不想被迫学习多个系统的细枝末节。你需要的是一个定制化的解决方案，它能很好地与你所有的业务合作伙伴配合，而且它很可能只来自一个使用开源软件的平台。

官僚主义

现在的大多数供应链都是全球化生态系统，这意味着原材料和辅助材料在运往其最终目的地的途中经常会跨越国界。虽然这代表了通过区块链来提高效率的最大机会之一，但也代表了一个更大的障碍。政府部门会对商业活动进行必要的制衡、监督和管理，但它们的行动往往就像巴拿马运河上的远洋货船，无法迅速地或轻易地改变方向。

有一些政府部门及其所属的多个机构热衷于探索区块链的潜力，但企业获得它们的批准或要求它们提供数据曾经是几个区块链试点项目面临的严峻挑战之一。一些政府部门有兴趣参与但并未行动，另外一些政府部门则完全抵制这项技术，因为它们将区块链的透明度视为对自身控制权的威胁。据我们所知，至少有一个区块链试点项目在大多数评判指标下被认为是成功的，但之后没有继续下去，因为政府部门不需要它可能带来的公众曝光。

竞争的本能

供应链中主要环节之间的竞争也是一个潜在的障碍。主要零售商、承运商、铁路运输公司、卡车运输公司、分销商和制造商都有一个共同点，它们都希望为自己的业务增加或保持竞争优势，这可能会限制它们在地盘争夺战爆发时与其他人良好合作的欲望。凯勒曾说："我希望看到的是提高效率的潜在价值将能够抵消这种竞争的欲望。"

参与者必须克服协作障碍的一个领域是区块链治理。区块链的优势在于它是去中心化的，但是B2B（Business-to-Business）区块链需要就谁来编写代码，谁可以查看、使用、共享和分析数据等事项达成协议。

为了凸显这个困境（你可能已经注意到它与前面的挑战紧密相连），请考虑一下马士基和IBM在一个航运区块链解决方案上的合作。马士基投入巨资打造了一个平台，不仅可以为它所属的行业提供服务，还可以作为铁路运输、公路运输甚至制造业等相关行业的基础平台。这引起了各国政府在监管方面的担忧，也引起了马士基在航运业中的竞争对手的不满。

马士基的竞争对手赫伯罗特航运公司（Hapag-Lloyed）的首席执行官罗尔夫·哈本·詹森（Rolf Habben Jansen）说，如果这个平台"只是一个马士基和IBM的平台"，那么即使它是最好的平台也会失败。与此同时，其他几个类似的项目也在开发之中，我们很难知道哪个项目最终会真正对这个行业有用。哈本在2018年的全球班轮运输大会（Global Liner Shipping

Conference）上说：“没有一个联合解决方案，我们将会浪费一大笔钱，而且没有人能从中获益。”

当然，区块链的一个承诺是，它为所有的使用者提供了平等的地位。实际情况是，企业可能不得不舍弃其目前的一些竞争优势，以便在其他领域获得更大的回报。例如，关于供应链效率的某些方面可能会出现更加公平的竞争环境，而客户服务、质量或建立和使用数据洞察力的能力将变得越来越重要。

治理结构还必须保证既是合作伙伴又是竞争对手的各方之间的互信。以零售业为例，相互竞争的经销商可能都希望并且需要和不同的主要零售商处于同一个区块链上，但它们又都希望得到这样的保证：它们的竞争对手不能获取交易机密，零售商不能获取使它们在价格谈判中取得不公平的优势的信息。我们采访过的大多数区块链架构师都认为，使用许可区块链可以很容易地解决这个问题，但他们仍然需要在逐步发展为已实现系统的试点项目中逐步证明这一点。

2018 年，扬纳斯在麻省理工学院期刊《创新》（*Innovations*）上的一篇文章中写道：“区块链网络必须建立明确的自治规则，包括成员资格、数据所有权、行为守则和隐私条款。”他说：“区块链的关键在于信任。”这也是沃尔玛与克罗格、韦格曼斯等竞争对手及泰森食品公司、雀巢等供应商联系并共同成立了一个区块链联盟的原因。扬纳斯说：“要确保我们围绕区块链网络构建的，用于解决诸如数据所有权、隐私保护和访问权等问题的自治结构是与创始合作伙伴协作完成的，这一点非常重要。这是为了防止任何一个利益相关者，如沃尔玛或我们的解决方案提供商 IBM，在决策方面拥有不平等的权力。”

不可更改性

区块链面临的另一个挑战是不可更改性。区块链的一个重要承诺是加入此类共享加密数据库的条目无法被更改。因此，这些数据更加可靠，并且对需要查看它们的参与者来说是永久可见的。大多数现有的数据技术遵循“增查改删”（CRUD）模式是有原因的，这些技术允许用户创建（Create）、读取（Read）、更新（Update）、删除（Delete）数据。

凯勒指出：“在区块链的世界里，没有更新，也没有删除。你只有创建并读取数据的机会。正因为如此，一个区块链架构师会理所当然地建议，你实际写入区块链中的大量数据要保持高度的结构化并且非常规范。”

在一个完美的世界里，“高度的结构化并且非常规范”意味着进入系统的垃圾数据会更少，但这也可能意味着一些有价值的数据会在不经意间被遗漏，还意味着进入系统的垃圾数据无法被清理或删除。但是，即使是有价值的数据也有保质期。许多企业习惯于一获得法律许可就立即销毁记录，但一个真正不可更改的系统意味着那些记录永远不会消失。

最好的情况是区块链的参与者一致同意销毁允许查看特定数据的访问权限代码。那些数据虽然没有消失，但再也不能被查看。这有点像一棵树在周围没人的时候倒在了树林里，它发出了声音，但没有人听到。这个方案只有在包括监管者在内的所有人都在系统前端同意，并且系统被设计成支持其实现的情况下才有效。

安全性

在投资于区块链之前，有责任心的企业领导者当然希望树立高度的信心，相信该平台能够真正提供一个安全稳定的系统，该系统能够经受住黑客的网络攻击、某些自私自利的参与者的信息造假，以及人为或自然灾害导致的网络中断。

区块链倡导者很快就指出了这项技术固有的安全性。他们说，区块链本身从未被黑客攻击过。ShipChain公司的首席执行官约翰·莫纳奇（John Monarch）表达了与我们采访过的其他区块链倡导者相同的意见。他告诉我们："问题都出在为区块链开发新软件的私营公司身上。但是，任何一个区块链系统从未出现过漏洞。"然而，这并不能说明区块链百分之百可靠。

区块极客网（Blockgeeks）是一个提供区块链相关培训的网站，该网站指出区块链的"去中心化应用并非完美无缺"。毕竟，写入智能合约和其他应用程序的代码是由容易犯错的人类编写的。

该网站指出："智能合约最多只达到编写它的人的水平，代码的疏漏可能会导致预料之外的有害行动被执行。如果代码中的错误被人利用，除了获得网络共识并重写底层代码之外，没有任何有效的方法能够阻止网络攻击或避免漏洞被利用。而这会违背区块链的本质，因为它是不可更改的。此外，由一个核心方采取的任何行动都会对一个区块链应用程序的去中心化特质提出严重的质疑。"

基层农业合作社总经理科迪·霍普金斯（Kody Hopkins）是区块链的早期使用者，他也指出："这项技术并不能阻止说谎，它只能保证自己不说谎而已。"换句话说，一位经理可能会向区块链上传关于质量控制标准的虚假信息，并且在没有足够的制衡措施的情况下创建一个不可改变但完全虚假的记录。

但是，霍普金斯和其他人都认为区块链的参与者不会愿意做出这样的不诚实行为。那位试图上传虚假信息的经理知道这些信息是永久加密的，并且通过一个独有的数字签名与其相关联。这位经理知道，任何虚假数字都可能会被系统的数学计算揭露出来。

霍普金斯说："人们会撒谎，但记录在案的交易正在进行。如果我们说我们从这个农场里买了一批鸡，并且上传付款清单作为证明文件，那么农场和我们必须达成一致的协议。”

而且，这份协议会以数字化的形式永久地保存在区块链上。霍普金斯说：“现在，当你买一些不含抗生素的东西时，你会发现它们基本上都附有一份由某人签署的宣誓书。这是一份可能会被人篡改或丢失的文件，区块链比这要先进得多。在我们的业务场景下，你会在一个不可篡改的分布式账本上发现一笔资产发生了转移，而且你已经上传了证明文件来支持它，这可比宣誓书好太多了。”

在某些情况下，区块链不仅会劝阻不诚实行为，还会奖励诚实行为。一些奖励是有形的，如可以变现的加密数字货币；而另一些奖励则不那么具体，如提升集体声誉。

霍普金斯说：“区块链可以阻止人为篡改信息，其网络中内置了此类激励措施，而我们只是触及了一些皮毛。但是，你已经明白了这个由个体组成的且个体所有的声誉都结为一体的生态系统。它有助于逐步建立互信。”

无用数据的输入

区块链并不能拯救失败的流程和糟糕的信息。如果你试图让有问题的流程实现自动化，那么该流程最终会实现自动化，但它仍然是有问题的。如果你使用区块链来清理不良数据，那么你最终只会得到放在区块链上的不良数据。

EDI 的一个承诺是使数据变得更加优质。尽管 EDI 在这一点上取得了进展，但它并没有在合作伙伴之间强制执行以确保数据干净可靠之类的行为规范。凯勒告诉我们：“我认为，在区块链的世界里，那些确保把准确的数据放到区块链上的参与者将赢得竞争，因为那才是值得信任的。”

那些简单地寻找其他方法来原封不动地实现自动化的企业只会给其供应

网络增加噪声和混乱。另外一些企业则会寻找改进流程的机会，并检查区块链是否改善了流程并实现了增值。

成本

接下来，我们来了解区块链的成本和投资回报率。从某种程度来说，这些仍然是未知的。成本是大多数新技术的一个常见的采纳壁垒。例如，对RFID来说，成本方面的主要壁垒是标签和阅读器的成本，以及各方之间不均等的投资回报率。但对一些参与者来说，RFID技术的投资回报率很高，因此使用该技术是非常划算的。零售商往往会体验到其中更多的好处，而制造商则感觉负担过重，因为制造商的成本支出主要为供应链上的其他参与者提供了效益。

虽然区块链承诺实现更加紧密的投资回报率共同体，并且能够节约成本，但它同样会给从更细一点的粒度了解它的软件专家和IT专家带来新的成本。与包括设备成本在内的RFID等技术的成本相比，区块链用例的测试成本相对较低。一个区块链试点的初始成本在很大程度上取决于计划和实施它的团队所投入的时间。

正如IBM的格尔森告诉我们的那样，当高管意识到他们将需要“6个绝顶聪明的员工花费8~12周……花费1/4的工作时间完成这项工作”时，这对某些企业来说肯定是一个障碍。格尔森说：“他们会说，‘好吧，也许我们需要先多做一点训练’。”

存储所有的数据也会产生成本。区块链网络的规模越大、越复杂，它所存储的数据就越多，达成计算共识的耗能也就越高，需要的数据存储空间也就越大。提升的效率可能会抵消新的成本，但其投资回报率仍有待证实。

凯勒说：“人们这样谈论，‘哦，它很便宜’。但事实是，这项底层技术中有些部分的成本十分高昂。”许多区块链先驱者认为，他们必须在降低甚至消除这些成本上发挥作用，以消除区块链的技术采纳壁垒，推动区块链的广泛采用，从而使大众受益。

扬纳斯告诉我们：“我们必须提供一个零参与成本的区块链世界，这类似于社交网络，人们可以在没有痛点或壁垒阻碍他们进入的情况下加入社交网络。随着人们从社交网络中获取的价值的增多，可能会产生交易费用或成本。”

数字鸿沟

供应网络背景下的区块链与众不同的原因在于，不像区块链其他的绝大部分应用背景，供应链在物质世界和数字世界中都能运行。但区块链的大多数用途都不能离开数字世界，例如，你不能用手移动一枚比特币，因为它只存在于网络空间，而这对那些使用它的人来说是没关系的。

与此同时，供应网络在物质世界里移动实体产品，尽管这个过程中的很多环节都是以数字化的方式处理的，但数字化几乎总是与实体资源或实体产品有某种联系。从某种意义来说，某双鞋的运输最终必须落到某个人的脚上。因此，供应网络的领导者需要的是能够将其数字化优势与物理现实相融合的区块链，他们需要对物质世界进行精确的数字化复制。其中一个巨大的挑战就在于此，因为物质世界很容易出错，无论是有意的还是偶然的。

麻省理工学院教授凯瑟琳·塔克（Catherine Tucker）和克里斯蒂安·卡塔里尼（Christian Catalini）在《哈佛商业评论》的一篇文章中使用追踪婴儿的例子来说明这种困境。使用区块链存储含有婴儿位置信息的不可篡改和可验证的记录看起来似乎是一个很棒的主意，但随之而来的一个巨大的挑战是“人们如何知道哪个数字化记录属于哪个婴儿”。

首先，婴儿需要有连接到其数字化记录的标签、芯片、基因组记录或其他新潮的物理标识，这可能会带来道德和伦理问题。如果你逾越了道德和伦理的界限，婴儿将变成类似于一个带芯片的实体产品，如皮卡车保险杠。这会带来一个严重的问题：区块链不能验证一个物理标记最初是否被正确地连接到正确的实体产品上。换句话说，它仍然依赖于容易犯错的人类来搭建数字世界和物质世界之间的桥梁。

塔克和卡塔里尼写道：“在我们的例子中，这项技术必须依靠人类如实地实现婴儿和数字记录之间的正确匹配。如果人类在输入系统时弄错或篡改了数据，而系统中的记录又在事后被认为是完整的和正确的，这将产生严重的负面影响。”

区块链倡导者相信，激励措施与合作伙伴之间的交叉检查能够防止记录出错或被篡改，但是很明显，从人类的角度来看，风险还是太大了。虽然关于萝卜、青菜之类的产品的错误数据或被篡改的数据明显不如医疗记录中的错误数据或被篡改的数据那么可怕，但它仍然会对消费者的健康、福祉及企业的经营产生巨大的负面影响。

汉堡包与壁垒

随着互补技术特别是 IoT 可用性的增强，一些壁垒可能会被削弱。例如，麦当劳一直在测试一个关于汉堡肉饼新鲜度和保质期管理的、区块链与 IoT 集成的技术试点。当拖运冷冻肉的卡车出现故障，集装箱（或冷藏货柜）的温度下降时，该产品的保质期必须调整为一个更早的日期。在目前大多数食品的运输过程中，承运人很容易在托运人不知情的情况下更改数据记录器中有关温度升高的数据。

这就是区块链与IoT组合起来发挥作用的例子。在麦当劳的试点中，RFID阅读器（IoT设备）被放置在冷藏货柜的每个箱体上，可以将信息发送给区块链。这使麦当劳可以确保数据的准确性，并知晓温度在何时何地发生了变化。

虽然承运人的数据记录器仍有可能干扰RFID阅读器，调整发送给区块链的温度数据，但那需要数据记录器具备专家级的技术能力才能完成。因此，这种情况发生的可能性要远远低于没有区块链的情形。

区块链一旦与IoT、数据分析、机器学习、AI等技术相结合，它在供应链方面的应用就会变得更为广泛。例如，麦当劳的新鲜度和保质期管理试点提供的价值并不局限于降低数据记录器中的数据被篡改的风险。通过将数据分析功能添加到IoT赋能的区块链上，麦当劳能够提高交付给餐厅的汉堡肉饼的新鲜度。他们把牛肉绞碎、搅拌、制成肉饼、打包并封装到箱子里，然后将RFID标签贴在箱体上。这些RFID标签被编码并被扫描读取到区块链上，餐厅便可通过标签里的数据和预先设置的保质期获取汉堡肉饼的新鲜度信息。

包装箱进出冷藏库（在同一个生产设施内）或离开该生产设施时，都要被扫描RFID标签。当这个包装箱通过供应链流向餐厅时，它在开始和结束运输及在配送中心时都要被扫描RFID标签。当这个包装箱到达餐厅后，餐厅会扫描其RFID标签并把它放入冷藏室。

在每个节点上，RFID标签都与温度传感器相连接，并将数据传输给区块链。如果在食品链上有任何节点的温度下降至低于规定温度，温度和相关产品生命特性的数据分析功能模块可能会调整保质期（如果温度低于一个特定的温度），或者确定该包装箱中的食品已变质，不应被使用。餐厅的员工扫描 RFID 标签，根据整个食品链温度和相关产品生命特性的数据分析结果，就能知道接下来应该从冷藏室里取出哪一个包装箱（根据保质期的长短，最短的先取出）。

区块链项目也使用现有的其他技术。例如，通过 EDI 收集的数据也能上传到区块链上，只要数据优良且标准一致。

有待回答的问题

任何一种现有的技术方案都有其局限性或无法解决的问题，甚至两者兼有。这些技术方案的建立和运行都需要技术支持，而相互竞争的每个实体都带来了自己的术语——对他们自己来说简单易懂，但常常把其他人搞糊涂的内部词汇和短语。此外，顺便说一句，建立和运行这些技术方案的投资规模都不小，但其收益并不总是明确的或有保证的。

因此，供应链专业人士应将这个问题置于何地呢？好吧，没有比这更适合所有人的答案了：不要再等待了，开始去解决它。

对许多供应链领导者来说，任何新技术的关键问题都可以归结为：它将如何有助于创建更有效率和效益的流程。创建一个真正透明的供应链的想法不会那么具有威胁性，例如，它有助于预测和管理库存。具有运营思维的供应链管理者希望得到一些实际问题的答案：它能在多大程度上减轻牛鞭效应？它将如何赋能智能合约以带来更加高效的采购？它会降低成本吗？它会给这个供应链增加价值吗？

因此，在深入探讨区块链测试用例的开发、评估和实施过程之前，我们需要先看看这项技术影响现代供应网络的关键组成部分的具体方式。

本章要点

- 区块链最大的采纳壁垒主要有协作、标准化、互操作性、官僚主义、竞争的本能、不可更改性、安全性、无用数据的输入和成本。
- 供应网络背景下的区块链与众不同的原因在于，不像大多数其他技术的应用范围比较单一，它在物质世界和数字世界中都能运行。
- 区块链一旦与物联网、数据分析、机器学习、人工智能等技术相结合，它在供应链方面的应用就会变得更为广泛，获得采纳的速度也会变得更快。

INTEGRATING BLOCKCHAIN INTO SUPPLY CHAIN MANAGEMENT
A toolkit for practical implementation

第二部分
供应链生态系统

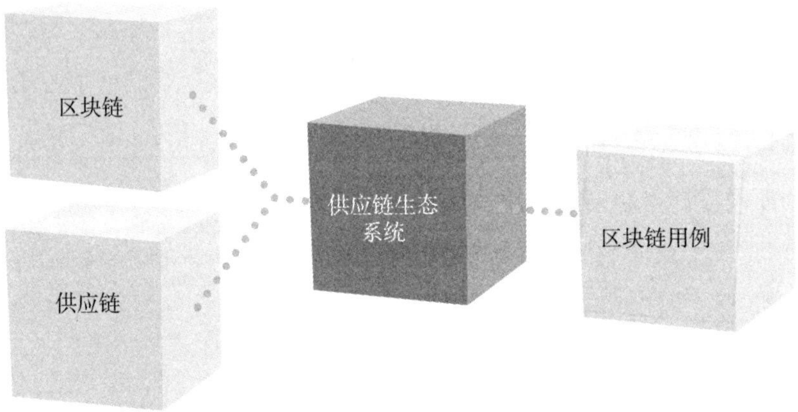
区块链
供应链
供应链生态系统
区块链用例

第5章

供应链的网络化

前文曾提到，区块链不是你祖父母的老账本。这是一件好事，因为我们并不是在一个还在使用你祖父母或父母所处时代的供应链系统的世界里工作。事实上，两场巨大的变革正在席卷全球供应链，而它们试图重塑供应链世界格局的方式不仅需要而且渴求像区块链这样的解决方案。

首先，供应链会变得越来越复杂。供应链不再是那些将制造商和供应商连接在一起的传统供需链条，而是将由大量互不相同但又相互关联的部分组成。其次，供应链及其运营正变得越来越动态化。系统、环境、关系和互动不仅变得更加复杂，而且在不停地演变。

日益增长的复杂性已经将许多供应链转变为庞大的网络化生态系统，多种产品经由努力合作的多个参与者在其中流通。一家企业与多家制造商签订合同，所有这些制造商都依靠相似的供应网络，并提供从传统零售商店到在线寄售服务等一系列分销模式，这样的情形并不罕见。例如，属于福特胭脂河工厂（River Rouge Plant）的时代已经一去不复返了，这家工厂以从一头运进铁矿石、玻璃和橡胶，从另一头源源不断地产出汽车而闻名于世。如今，大多数企业都从宽广的供应网络中购进结构复杂的预装配零部件，有些甚至将其制造业务整个外包出去。思科、微软和苹果公司都没有任何自有的生产设施，它们只负责产品设计、营销、销售和供应链管理。

产品也变得更加复杂了。例如，一辆汽车可能有 50 000 个零件。物料清单（Bill of Materials，BOM）列出了制造一个单位的产品所需的零部件和原材料的数量，它可能有很多页。例如，一辆汽车的 BOM 包括 1 个车身、1 台发动机、1 个变速器、4 个车门总成、2 个车轴、4 个刹车总成、4 个车轮总成、1 个导航系统等。1 台完成装配的发动机可能包含 1 个发动机缸体、6 个活塞、6 个喷油器、6 个火花塞、12 个气门等。对拥有多种产品的企业来说，每种产品都有一个 BOM。

伴随产品复杂性增加而来的是，企业需要与更多的供应商合作，而这些供应商也可能需要与更多的供应商合作，从而进一步增加了供应链的复杂性。例如，过去的汽车座椅就像一件家具，只依赖于布料、皮革、填充物和框架的供应商；现在的汽车座椅还依赖于开关、电机、加热器、传感器和微处理器的供应商。

现代供应链也变得更有深度了。英特尔通过多达十几个的步骤来采购其微处理器不可缺少的一种金属——钽，这些步骤可以回溯至含钽的电子元器件制造商、金属加工厂、冶炼厂、矿石出口商、运输商，甚至手工采矿者。

如果不断增加的复杂性是相对稳定的，那么处理它将会容易一些，但事实显然并非如此，而且恰恰相反。今天的现实在明天或下个星期可能就不一定是真的了，这正是我们说这种日益动态变化的现实会影响供应链的第二次重大变革的原因。

一个大型的供应网络可能会在不同的企业、流程和资源之间有着巨量的互动和相互依赖关系。供应网络一般覆盖广阔的地理范围。客户可以在任何时间发起交易，而几乎不考虑现有的网络负载，因而增强了供应网络的噪声特性。这使供应链参与者从噪声中识别信号变得越来越困难。

现代供应链中易变的部分包括：

- 用于生产产品的零部件；
- 提供这些零部件的供应商的身份；
- 制造、组装和分配这些零部件的场地；
- 零部件和成品的流动，包括沿供应链移动物料的运输环节；
- 在供应链各个环节存储的或正在被处理的物料、零部件和成品的库存。

像马赛克拼图一样不断扩张的供应网络给供应链领导者带来了前所未有的风险。例如，规模较大的企业可能与一些底层的供应商根本没有联系，甚至可能不知道它们的存在。但是，这些供应商的业务中断会给这些规模较大的企业带来出乎意料的巨大影响。例如，2012 年赢创工业（Evonik Industries）在德国的一家工厂的爆炸对汽车行业造成了严重的影响。其原因是这家工厂供应的尼龙树脂占全球需求的 70%，这种特殊的尼龙树脂可用于刹车片和燃油管路的制造。自然灾害（如飓风、龙卷风、火山爆发、山火、洪灾、干旱、暴雪等）、政治动荡、劳资纠纷和破产等都是能够对供应网络产生严重影响的不可控因素。

供应网络越复杂、越动态化，区块链就越需要做到其承诺的至少五件事情。

- 以一种安全、持久的方式记录多个主体之间的交易。
- 使这些记录具备可追溯性和可审计性。
- 找到管理交易的恰当方法。这些交易与之前的很多交易相关联，涉及多个参与者，所有参与者都有输入或检索数据的需求。
- 使网络中彼此不了解的制造商与供应商建立一定程度的信任。

- 快速确定众多高成本物品和（或）关键物品的身份及来源。

从简单的供应链——相互连接的链条，到拥有复杂动态生态系统的供应网络的转变，将使网络理论成为供应链管理中日益重要的组成部分。因此，网络理论在理解和实施区块链解决方案中扮演着重要的角色。

网络理论用图来表示不相关联的对象之间的对称和非对称关系。对区块链来说，这些对象就是一个给定的区块链生态系统中的所有节点。对供应链管理来说，这些对象可能是所有企业中的所有人，他们在产品从原材料到生产、销售再到消费者的移动过程中发挥着作用。

网络理论使我们能够简单直观地表示供应链生态系统的动态变化，这让我们能够更聪明地利用网络中的关系和连接。

为了理解网络理论的工作原理（以及如何将其应用于区块链），下面先从一个从供应商到零售商的信息流的简单例子开始讲解（见图 5.1），随后我们可以看到它如何扩展为一个更加复杂的生态系统。

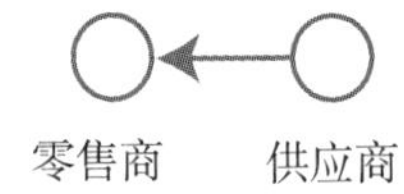

图 5.1　零售商—供应商

现在增加一个层次——供应商的供应商，如图 5.2 所示。

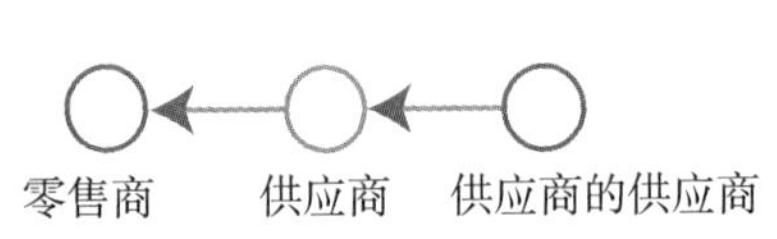

图 5.2　零售商—供应商—供应商的供应商

现在把多家供应商及其供应商放进去，如图 5.3 所示。

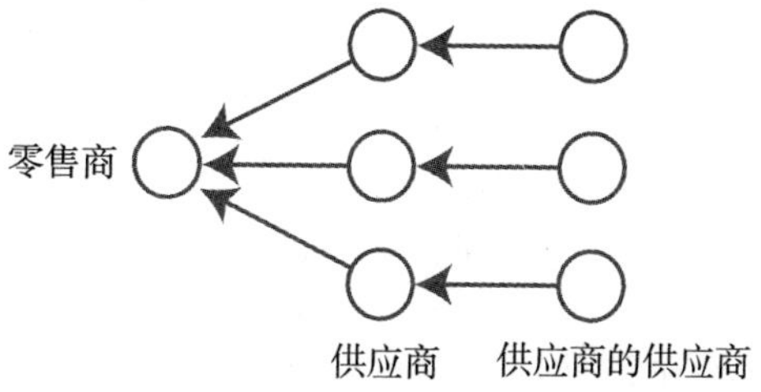

图 5.3　零售商—多家供应商—多家供应商的多家供应商

现在考虑这样的情形，这些供应商向其他供应商和（或）其他零售商供应产品，如图 5.4 所示。

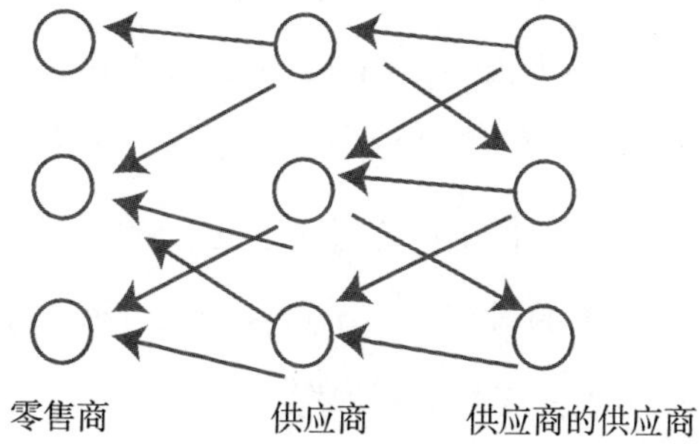

图 5.4　供应链生态系统

正如你所看到的，这个生态系统是复杂且相互关联的。这意味着，如果区块链带来的各种连接的可视性及洞察力能够帮助领导者制定更加明智的战略决策，区块链将带来相当可观的价值。

嵌入新的想法

没有两个完全相同的供应网络，而且正如前文所指出的，所有的供应网络都是越来越复杂和动态化的。但是，网络理论使我们能够着眼于所有网络的共同维度，考察这些维度如何在最常见的三个环节影响供应网络，并更好地了解区块链在每个环节中的潜在益处。

与我们对供应网络和区块链的讨论最相关的两个常见的网络维度是结构性嵌入（Structural Embeddedness）和关系性嵌入（Relational Embeddedness）。这些词汇听起来相当复杂，但那只是因为它们是由学者（像我们这样的人）创造出来的术语。下面从结构性嵌入开始解释。

斯坦福大学的马克·格拉诺维特（Mark Grannovetter）教授最早开始谈论结构性嵌入。早在30年前，他就宣称，与所有社会行动及其后果一样，对经济行动及其后果的选择不仅受所牵涉人员之间的关系的影响，也受整个关系网络结构的影响。后来的研究证实，这种结构性嵌入事实上是造成企业内部及整个行业内部有序或无序的主要根源。

简单来说，结构性嵌入涉及如何配置或构造关系。这是网络互动中非个人化的方面。例如，这种关系结构可能会决定你对供应商或买家的接触。你可能会被允许直接接触一两个关键的参与者，但是你无法接触组织内部更深层次的人员或该组织的上游供应企业。关于结构性嵌入，有两点非常重要：一是你并不总能掌控它，二是网络中可能存在漏洞。

芝加哥大学的罗纳德·伯特（Ronald Burt）提出了“结构洞”（Structural Hole）这一概念，并将其定义为“两个具有互补的资源或信息的个体之间的间隙”。假设你是一个联系密切的群体的成员，群体中的每个人都可以访问其他人，并且信息和资源很容易被共享。如果你对另外一个群体的接触仅限于其中的某个个体，那么你获得的信息和资源就只限于这个个体共享给你的那些。这个个体充当了过滤器的角色，这意味着你获得的信息可能比你需要的少得多，或者你获得一些信息的速度可能没你需要的那么快。

这在商业关系中非常常见。例如，一位销售代表或客户代表可能是其所在的企业与另一家企业之间主要的或唯一的联系节点。尽管在某种意义上其所在的企业里可能有多个团队都在为客户工作，但信息流是由其过滤的。

你越能缩小两个与你相连的网络之间的结构洞（换句话说，为接触另外一个网络中的其他成员创造更好的方式），你获得的信息和资源就越优质，你把这种连接转化为竞争优势的可能性就越大。

在图 5.5 中，两个企业集群之间的唯一连接是 A 企业与 B 企业之间的连接。这两家企业可能属于不同的行业。例如，A 企业可能是一家专业的面料生产商，而 B 企业可能是一家拥有密集的分销网络的时装生产商。A 企业是 B 企业的供应商，但是 B 企业实际上对 A 企业的供应商集群一无所知，因为 A 企业是它唯一连接的企业。

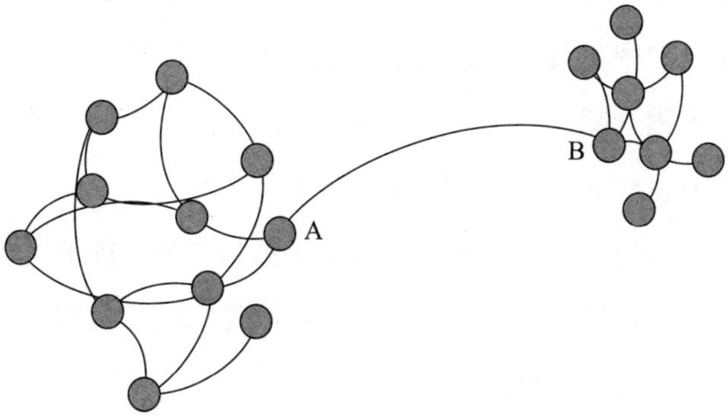

图 5.5　集群之间的结构洞

A 企业和 B 企业也可能位于不同的国家。任何网络的命脉都是信息流，而结构洞减缓了信息的流动。地理邻近性增加了个体之间相遇、互动、探索共同利益和共同信念的可能性，从而增加了信息的流动。然而，在如今分布广泛的供应网络中，物理上的邻近是一种奢侈。2011 年海啸袭击日本引发核事故时，许多购买日本产品或货物运输路线经过日本海域的美国公司开始担心他们的货物可能会有放射性。对放射性食品、物质和尘埃的恐惧引发了世界各地对来自日本的所有事物的安全性的质疑。

由于担心放射性尘埃可能会沉降或进入途经该地区的港口的集装箱，英特尔公司的 7 000 条航线受到了潜在的影响。即使英特尔从日本采购的芯片本身没有放射性，在生产或运输过程中暴露在辐射下也可能会降低其可靠性。英特尔无法确保芯片和硅晶体在任何阶段都不暴露在辐射下。与之类似，宝洁公司也担心放射性成分进入日本化工公司巴斯夫（Badische Anilin-& Soda-Fabrik，BASF）提供的原料中。这些原料会被加入宝洁公司生产和销售的口红中，因此宝洁公司不得不在日本和西方国家两边的供应链部署盖革计数器（Geiger Counter）。

区块链可以在帮助如此广泛的供应网络创造可视性这个方面派上用场。一家企业能够从不知道自己暴露于一个可能遭受自然灾害地区的深层供应商所引起的中断风险中，到知道自己暴露于这样的风险中，甚至到知道该供应商将会在三天内遭受飓风的袭击，但该供应商在位于该国另外一个较为安全的地区的配送中心有可使用四个星期的库存。

换句话说，区块链通过为关系结构提供虚拟邻近，能够重塑全球供应网络中的通信方式。这种邻近的感觉是通过即时发布关于流程和可能对企业产生影响的一些情况的实时数据来实现的。

许多企业组织已经在尝试创造这种邻近的感觉。例如，联合利华有一个内部组织 UltraLogistik，其总部设在波兰，负责管理联合利华在欧洲的所有运输活动。该组织通过甲骨文公司（Oracle）的运输管理系统将所有的运输服务采购和运营活动集中化，不仅节约了成本，减少了碳足迹，而且增强了可视性。荷兰高级物流研究所开发了跨链控制中心（Cross Chain Control Centers，4C），以协调和同步与荷兰有关的一些全球化供应链的实物流、信息流和资金流。这些系统类似于机场的塔台，这些塔台负责控制飞机在地面和空中的活动。一个技术、人员和流程的中心枢纽能够获得并使用供应链数据，以促进短期和长期决策的制定，而区块链是以去中心化的方式来实现这些的。

区块链所实现的虚拟邻近在访问权限和时机两个方面为信息共享带来了好处。

我们都喜欢访问权限，对吧？如果说信息就是力量，那么获取准确、相关的信息对做出正确决策和获得制订计划所需的深刻洞察力来说是至关重要的。遗憾的是，由于供应网络往往缺乏可视性、透明度和可追溯性，信息通常并不能均匀地分布在网络中。有些企业秘而不宣，有些企业则缺乏合适的技术。但导致信息传播不均衡的一个核心原因是企业之间的联系并不均衡。企业一般只会密切关注与自身及其直接合作伙伴有关的信息，其他类型的信息流容易让它们不知所措。一家企业能够有效处理的信息是有限的。我们只能应对这么多的图书、文章、备忘录和新闻。然而，区块链能够使这个网络成为一种重要的信息筛查工具。有了区块链，几家企业可以同时处理相同的信息，并相互提醒对方注意关键信息，从而保证自己在机会开发和灾难预警方面行动迅速。区块链的其他承诺，如增加数据丰富性、低带宽需求、实现嵌入式计算，可以作为促进此类分布式实时通信的补充特性。

时机是虚拟邻近的第二大好处，它对供应链信息至关重要。泰坦尼克号的船长知道他的船正在驶向一座冰山，但他知道得太晚了，以至于来不及调整船的航向。区块链不仅能为你提供信息，而且速度很快。知道供应商的工厂今天的产能已经用完了是一回事，知道供应商的工厂明天或下个星期将会遭遇产能问题则是另外一回事。知道你的一个重要的合作伙伴正在合作的两家新供应商的名字是一回事；发现短期内需要新增一家供应商，而且你需要开始与你的这个重要合作伙伴讨论可能的备选供应商，则是另外一回事。早期预警提供了基于信息自行采取行动的机会或将其反馈回网络的机会。你也能从反向的信息流动中受益。网络过滤了流向你的信息，也引导、凝练和规范了与你有关的流向他人的信息。

> 结构性嵌入涉及如何配置或构造关系。这是网络互动中非个人化的方面。
>
> 关系性嵌入是通过一段互动历史形成的个人关系配置。它是更加个人化的要素，涉及关系的质量而非结构。

所有网络的第二个共同的重要维度是关系性嵌入。组织理论家将关系性嵌入定义为通过一段互动历史形成的个人关系配置。它是更加个人化的要素，涉及关系的质量而非结构。关系性嵌入可能包含身份重叠、团结或信任等多种因素。据格拉诺维特所说，这种关系纽带的强度是一个基于“刻画这种纽带的时间量、情感强度、亲密度（相互信任）和互惠服务的组合”。

学者乐于指出，结构性嵌入决定了企业里的某个人获取资源的数量和范围的潜力。这对识别和理解社会资本在网络中的兑换模式和用于传递信息的渠道来说是必不可少的。结构性嵌入越强，网络中关于所有不同的参与者的可用信息就越多，对各参与者行为的约束也就越强。

与此同时，关系性嵌入界定了这种潜力将被实现多少。例如，你和一个竞争对手可能有一家共同的供应商，而且你们在这家企业内可能有相同的关键联系人。但是，假设你和那位关键联系人是从小一起长大的，她是你婚礼上的伴娘，还是你孩子的干妈，那么你的关系性嵌入很可能强于你的竞争对手。

发展过程

结构性嵌入和关系性嵌入在供应网络演化的不同阶段是不同的。总而言之，供应网络会从不稳定的、零散的企业群演进为更稳固的、快速扩张的多方协作组织，然后演进为萎缩、衰退的系统。在每个阶段，企业会面临不同的挑战，因此区块链可以带来不同的好处。

流体供应网络

流体供应网络通常由初创企业建立，其特征是关系稀疏分散、结构性嵌入度低。这些初创企业从事的探索工作涉及新资源与新能力的开发、试验和试错，但缺乏明确的行业标准，在技术上也具有高度的不确定性。在这一阶段，生产方法和生产系统尚未稳定，技术概念和商业概念正在形成，而知识共同体几乎不存在。供应网络中的关系大多是随意的，关系性嵌入度极低，而且结构洞的数量也很多。需求还处于萌芽阶段，而且不确定。

例如，一个流体供应网络可能包括这样一家初创企业，它正在寻求可以供应原材料的合作伙伴，也正在探索向潜在零售商分销产品的可行方案。

在流体供应网络中，关系往往是脆弱且短暂的。双方保持着一定的距离，而又常常相互对抗。这种短暂的关系主要基于零散的交易。商业交易是通过竞标和咄咄逼人的价格谈判达成的。各方之间的关系大多是短期的，就像在公开的商品交易市场中一样。以短期收益为主要关注点的各个参与者更愿意执行和遵守合同条款。交易双方的未来关系存在着高度的不确定性。供应商的灵活性往往也很高。

例如，一位企业家从一家大型零售商那里获得了供应上千件衣服的订单。这位企业家可能决定从一家欧洲生产商那里购买纺织面料，但要在中国台湾染色。他挑选纺织品并将其运到中国台湾。他知道质量上佳的拉链和纽扣来自日本生产商，他同样知道这些产品主要在中国大陆制造。这位企业家必须基于配额和劳动力条件确定制造成衣的最佳地点。如果确定制造成衣的最佳地点是泰国，那么他不得不重新规划那里的一切。由于零售商总是需要他快速交货，该企业家可能会把订单分配给泰国的 5 家工厂。这个供应网络是不稳定的，因为这位企业家正在通过定制化来最大限度地迎合零售商的需求。从本质上来说，他把制造过程细分为若干步骤，并在每个步骤中都去寻求最佳解决方案。

在一个典型的流体供应网络中，买家和供应商之间是基于双方的短期偏好（如匹配成本或交货要求）而相互联系的。因为它们之间的互动主要是由短期的零散合同所驱动的，所以它们对彼此的商业战略、业务需求、业务能力和业务运营都只有简单的了解。这种流体供应网络能够提供一些优势，特别是在信息共享方面。例如，供应商可能会通过自己的网络接触各种合作伙伴和观点。供应商可能会有别的买家，因此在应对不同的挑战时具有很强的适应性。通过与这样一家供应商建立关系，买家也可以更好地接触不同的观点。

如果我们一个季度接一个季度地对一个流体供应网络拍摄快照，那么这些快照看起来会截然不同（见图 5.6）。这个流体供应网络从一个季度到下一个季度可能会变得更大，然后随着临时供应商的离开而变小。

成熟的、刚性的网络也可以有流动变化的区域。例如，一家已成名的企业可能正在开拓新市场或开发新产品。堪萨斯南方铁路公司启动了一个区块链试点项目，目的是改善流体供应网络的效率。这个试点项目测试了一个

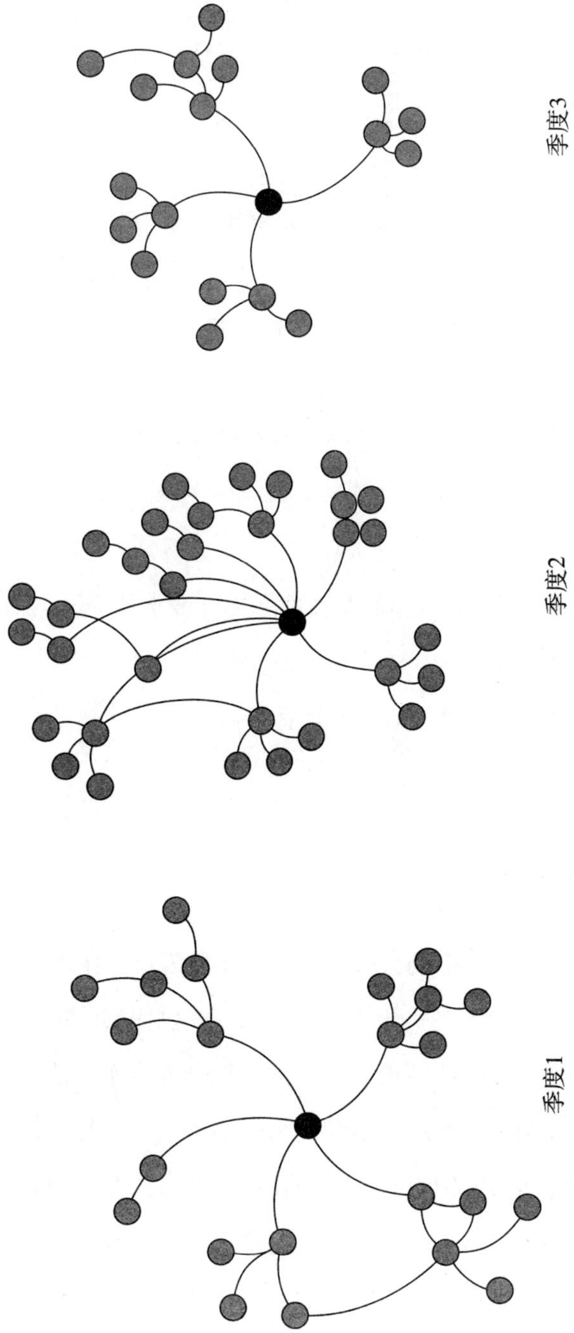

图 5.6　一个流体供应网络在三个季度里的变化

用来连接亚洲的发货人、承运人（马士基）及墨西哥和美国的通关代理的区块链。堪萨斯南方铁路公司与港口运营商及当地的一家报关行合作，帮助货物清关，其中包括墨西哥海关的出境审批和美国海关的入境审批。所有的参与方都以一种脆弱而短暂的方式相互连接，这意味着它们不依赖于彼此而生存。成本和前置时间在堪萨斯南方铁路公司开拓这一新市场时非常重要。

> 流体供应网络阶段的主要目标包括：积累大量的资产，获得能力，以及与网络中的企业合作。
>
> 流体供应网络阶段的挑战包括：极度分散的网络结构；结构洞；大多数不相关联的企业之间的弱连接；生产系统不稳定，业务概念模糊；需求不确定。
>
> 区块链的优势包括：跨越结构洞；与网络中的企业建立有效的连接；尽管与暂时的合作伙伴达成建立基于区块链的数据共享协议十分困难，但这样的协议能够带来的好处是巨大的。

供应网络的成长

一种新产品成功进入市场会带动供应网络的发展。随着一家企业向供应商发出第一笔订单，合作关系开始建立起来，其供应网络中的结构性嵌入会随之增加。这些企业开始从共担风险、共享机会的合作中获益。这一阶段通常伴随着大量有效的技术解决方案和高水平的网络连通性，使供应网络中的成员可以从互补的能力、知识和技术中获益。随着企业努力构建共同的语言和技术框架，标准化的需求也产生了。这些企业的共同利益驱动了值得信赖的合作，并增强了关系性嵌入。胜出的解决方案更有可能是具有更高的系统性和协作效率的方案，而不是具有技术优势或创新优势的方案。

不断成长的供应网络不仅会增加企业的相关业务，还会增加相关企业的数量。随着供应网络中企业之间连接数量的增加，供应网络会变得更加密集（见图 5.7）。一些供应网络发展迅速，每个季度都会增加许多成员。大多数供应网络的增长都是循序渐进的，需要经过多年的时间。

例如，许多大型零售商有自己的产品线。买家坐在办公室里就能浏览样品的日子一去不复返了，现在它们积极地参与产品的设计与创造。最棘手的部分是管理供应商及零部件和物料的流动。这对服装业来说尤其具有挑战性，因为需求是季节性的，而且衣服很快就会过时。最简单的方法是发出成品订单，让供应商去担心原材料的合同问题。但是，如果供应商的规模太小，以至于无法要求其上游供应商更快速地交货，那么订单可能需要数月而不是数周才能完成。为了缩短交货周期，零售商需要到上游去组织生产。更短的生产时间为零售商提供了更多的时间去确立一种流行趋势。对它们来说，这一切反映了弹性、响应时间、小批量生产、较低的最小订货量及随着流行趋势转换生产方向的能力。

与流体供应网络不同，不断成长的供应网络通常是围绕长期供应商组建的。合作伙伴谋求增强同步性和降低不确定性。它们希望与供应商建立共同的行为规范和一个知识共同体，以实现基于流程的更高水平的互信。合作将趋于长期化且越来越频繁。供应网络中日益增加的关系性嵌入带来了合作伙伴对共同愿景的需求，同时也提供了对有关合作伙伴质量和可靠性的可信信息的访问权限。此外，以往的合作经验可以增强各方在未来互动中的信任。

到了这个阶段，企业将从产品创新转向流程创新，以实现规模经济和范围经济。相互合作的多家企业会努力提高销售额。

企业之间的合作关系主要有两种形式——黏糊的和优雅的。

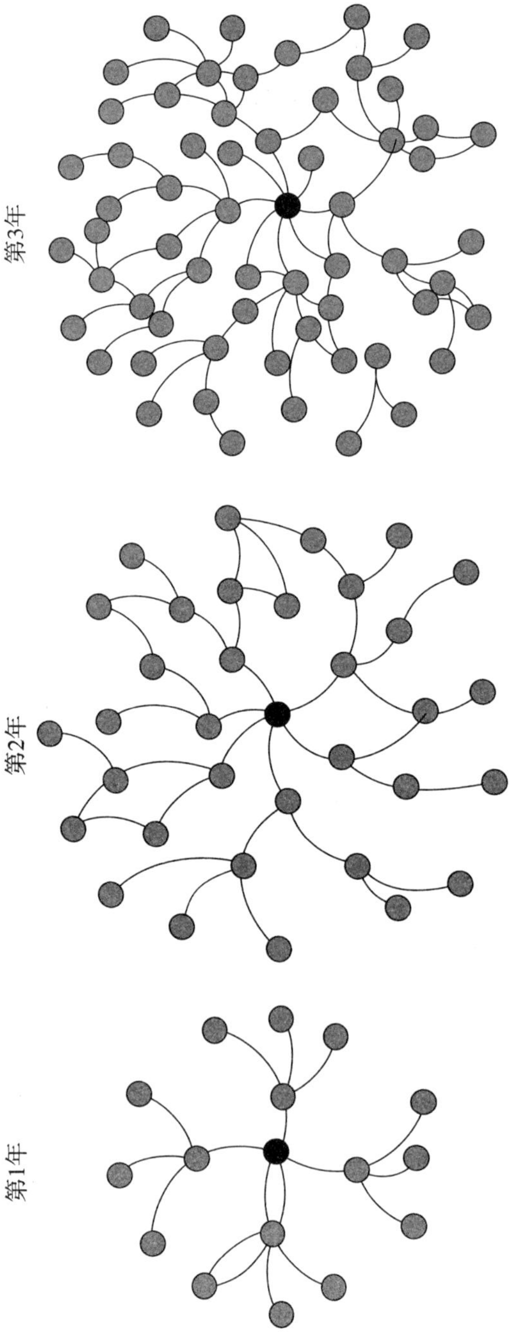

图 5.7 逐年成长的供应网络

黏糊的合作关系是指彼此亲密而又相互对抗。在黏糊的合作关系中，双方都将对方视为“必要之恶”。较强的一方可能会改变或修正交易，使之符合自己的利益。较弱的一方可能会经常被迫进行特定关系投资，因而处于被胁迫的地位。占主导地位的一方倾向于采用敌对策略，以牺牲较弱的合作伙伴为代价来攫取更大的利益份额。与此同时，较弱的一方则试图通过隐蔽的手段和策略来进行报复。

黏糊的合作关系通常涉及合同差异和单方面要求。例如，买家可能要求推行激进的成本削减计划。日益增长的敌意通常伴随着信息共享的缺乏。这使合作伙伴之间无法建立承诺和互信，无论它们在运营层面整合到了何种程度。在某些情况下，买家会对供应商进行审计，以防止它们赚取额外的利润。当一方以牺牲另一方的利益为代价来获利时，这种合作关系便会缺少协同效应——共同努力去创造盈余，实现公平分配。

黏糊的合作关系并不总是有利于较强的一方，因为较弱的一方能够展开秘密报复。一家供应商如果对买家的运营、业务需求及它们之间的合同条款有很好的了解，就有充分的准备去隐蔽地从事可能具有实质性后果的机会主义行为，这种行为通常不易被买家察觉。例如，处于不利地位的供应商可能故意不提供关键零部件和重要信息，或者不遵守合同中规定的质量程序。

相反，优雅的合作关系是指彼此保持一定的距离但又相互合作。合作伙伴之间的合作可能并不热烈，但它们会非常尊重彼此。它们可能会反复进行间歇性的短期合作。它们可能很少进行商业交易，但是所有的交易都是本着友谊的精神而发生的。在这种关系中的供应商较少依赖于买家，而且这些供应商通常是资源丰富的，拥有多样化的产品供应和均衡的客户基础。一般来说，双方在各自的运营中都保有自主权，同时又对彼此保持积极的态度。

假设一家零售商打算订购几千件服装，但还没有决定款式和颜色。在时装业，零售商在要求交付订单前 5~6 周才会做出这些决策。优雅的合作关系使零售商能够在面料供应商那里预留未染色的面料。优雅的合作关系也可以使零售商在印染工厂那里预留染色工序的生产能力，但前提条件是工厂将会得到这笔订单。零售商也可以告诉服装加工厂："我还不知道所有的订单规格，但我已经安排好了面料和染色，染色面料将在这个日期交付给你，你会有 3 周的时间去生产这批服装。"

在这种关系中的供应商可能不会为买家做太多的工作，但会对买家保持友好的态度。虽然买家可能会看到与一家资源丰富的供应商保持联系的好处，但它对该供应商的影响力很小，因为这种联系很脆弱。供应商可能与各种企业甚至买家的竞争对手都有联系。通常情况下，买家可能会处于保持关系的状态，以观察其与供应商的联系能否在未来获得回报。

有趣的是，在优雅的合作关系中的供应商可以成为买家重要的创新源泉。鉴于这种弱连接关系，供应商有可能成为新想法和市场信息的来源。优雅的合作关系的真正优点之一是它很有可能会将买家引入其他不相关的业务领域。这种与广泛的供应网络中的其他区域的接触，甚至与完全不同的行业的接触，可能会给买家带来新的信息或资源。

供应网络在成长阶段的主要目标包括：获取市场份额，定义标准、规范、共同的实践和业务概念，利用可用的网络资源，在成长的供应网络中获得强势地位，实现规模经济和范围经济。

供应网络在成长阶段的挑战包括：对关键供应商的依赖不断增强，结构洞较大。

区块链的优势包括：区块链可以通过直接的虚拟联系将所有的参与者连接起来，重塑供应网络；这为实现规模经济打开了大门，使企业能够实现共同的利益和目标，创建共同的行为标准，甚至共同关注那些做出机会主义行为的合作伙伴。

扬纳斯指出，区块链可以在打击食品行业中的伪劣品方面发挥重要作用。他告诉我们："食品欺诈相当严重。据报道，目前世界上售出的有机食品比生产出来的还多。你可以见到许多欺诈事件……这是由于食品系统的透明度不高。我们正在努力解决透明度的问题，这可能会阻止欺诈行为的发生。"

沃尔玛的首批试点项目之一是将猪肉供应链记录数字化。区块链上的信息来自农场、屠宰场、运输卡车、动物产品检疫换证中心、配送中心和商铺。通过扫描包装箱上的标签，经过授权的工作人员可以查看采购订单、运输明细，甚至兽医证明，所有这些以前都是纸质的文件。

扬纳斯告诉我们："如果你开始使用区块链创建一个更加透明的数字化供应链，那么你很可能会发现一些以前并不知道的不好的事情。一些人害怕进入这样的系统，因为他们害怕自己可能会发现的事情。但我认为，了解这些事情并有能力管理这些风险，比不了解它们要好得多。"

供应网络的成熟

供应网络在成长阶段的关系性嵌入不断增加，这使供应网络更加接近成熟阶段，其特征是注重规模经济和高效率、低成本的协作环境。供应网络的成熟阶段开始的标志是从开拓探索和大力创新转向更加注重运营改进活动。运营基本上是稳定的，而改进变成了递增式的。

由于成熟的供应网络往往是固化的，企业会变得越来越难以适应其他行业的变化，最重要的是难以适应消费者需求的变化。例如，在照相机走向数字化并成为智能手机的一部分之前，柯达（Kodak）是一个在其行业内拥有无可比拟的主导地位的品牌。在鼎盛时期，柯达在相机胶卷行业占据了80%以上的美国市场和约50%的全球市场。数十年来，柯达运营着一个庞大的全球生产设施和分销网络系统。通过直接拥有或持有主要股份，柯达控制了其供应链的绝大部分，包括化学品之类的原材料。如今，经历了一次股价暴跌和一次破产之后的柯达成了明日黄花，它已经卖掉了大部分的分销网络。

当消费者的偏好发生改变时，一个成熟的供应网络总会开始瓦解和衰退，尽管也许不是以与柯达一样的速度消亡。销量不断下降，而企业倾向于最大限度地利用这个网络，同时探索其他的替代方向。在这个阶段，成功取决于企业在日常工作中引领有效变革的能力、重新设计流程的能力和改变竞争优势来源的能力。这要求所有的合作伙伴寻找新的活动领域，进而寻找新的供应网络。这导致供应网络中的互动加速减少，合作伙伴之间的联系频率不断降低。随着参与者数量的减少，供应网络中的结构性嵌入通常也随之减少。然而，由于供应网络中的关系的加深、稳定和固化，关系性嵌入的作用愈发重要。

这种关系通常是紧密配合和相互合作的，不仅可以促进有序可靠的信息流和实物流，而且有助于各方调整关系目标，实现运营目标。因此，买家们在产品质量和前置时间两个方面一致性很高。在一个深度的买家—供应商关系中，这两家企业大量地使用IT，在运营上紧密同步。双方通常都会将很大一部分内部资源专门用于维护这个关系，从而实现有效的沟通和生产活动的协调。它们在运营和战略上都高度依赖对方，不太可能参与单方面的权力游戏，更有可能为了共同利益而合作。合作行为减少了沟通和谈判中的冲突。深度关系可以减少关系的不确定性并提高运营效率，为双方都带来稳定性。

然而，在深度关系中的双方可能都会遇到边际收益递减的情况。在这种关系中，它们高昂的沉没成本和既得利益变得紧密交织，以至于扭曲了它们对外部环境的感知。这限制了每个参与者接触多样化观点的机会。双方都倾向于坚持既有的信念体系，重复内部的成功套路，即使外部的商业环境已经发生了变化。在投入了专门用于维护这种关系的资源之后，供应商很有可能会抵制变革。由于清楚买家很难找到另外一家进行此类投资的供应商，该供应商甚至会表现出得意自满，并开始将这种关系视为理所当然。其结果是，供应商可能会变得不那么热衷于创新。从买家的角度来看，供应商似乎越来越固执僵化，囿于自己的行事方式。

供应网络在成熟阶段的主要目标包括：最大限度地利用当前的地位，探索其他行业和市场蕴藏的机会。

供应网络在成熟阶段的挑战包括：网络处于消散与萎缩之中，网络密度降低；消费者偏好改变，需求下降。

区块链的优势包括：掌控现有的供应关系并连接新的网络以探索新的机会；能够通过大幅度增强可视性和尝试新产品或新的供应链合作伙伴来提高现有流程的效率（见表 5.1）。

表 5.1　供应网络各个发展阶段的目标、挑战及区块链的优势

	流体供应网络	成长中的供应网络	成熟的供应网络
目标	足够的资产、能力及协作	市场份额、规模经济和范围经济	利用现有的机会，开拓新的机会
挑战	分散化的网络，结构洞较大，弱连接	依赖关键供应商，结构洞较大	消散中或萎缩中的网络
区块链的优势	跨越结构洞，从与新的临时合作伙伴的数据共享中获得优势	重塑供应网络	治理现有的供应关系，开拓新的机会

激活通用信息流

当有效的信息在供应网络中的不同联络人之间高效地流动时，所有人都会从中受益。然而，鉴于供应网络日益复杂化和动态化的现实，每个阶段面临的挑战都是识别能够提供相关信息的潜在合作伙伴，并找出及时、可靠地获取这些信息的最佳方式。区块链提供了一个潜在的解决方案，因为其独特优势之一是在支持和加强所有网络连接类型的信息流方面具有通用性。这些网络连接可以是各种类型的——从开放的到封闭并严格管控的。

一些企业非常开放，也愿意与同样开放的合作伙伴建立联系。对它们来说，供应网络是知识和创意的重要来源。这些企业经常从信息自由传播时产生的信息溢出效应中获益。这就像在一个行业会议中，少数几家企业之间的信息交流会使其他所有的参与者获益，因为它们可以将听到的信息联系起来并从中学习。

然而，供应网络中的大多数连接都受到了更加严格的限制。它们通常受保密协议或类似协定的控制，这些协议或协定旨在确保只有特定的参与者才能从所交换的信息中获益。不同于主要是弱连接的开放式连接，这些连接包含更紧密的关系和更严格的信息交换管控。

区块链可以很容易地进行设置，从而适用于这两种不同类型的网络连接系。它可以在开放网络中实现成员互联，并实现更高的信息扩散率。它也可以包含加密的访问授权机制，以便适用于需要更加严格的控制和更加安全的通信策略的合作伙伴。

区块链可以通过限制访问或管理网络中每个成员可以访问的内容来对网络本身进行管理。它也可以在一个完全开放的网络中运行，网络中的每个人都能看到其他人输入网络的内容。供应网络中存在信息中间人，它们是跨越信息结构洞的桥梁。区块链可以消除数据库和数据共享过程中的中间人和第三方，而不影响数据的健壮性和完整性。

寻找结构洞

大部分孔洞都十分容易找到，你只需要勘察地形，寻找景致消失的地方。当你发现景致消失的迹象时，那里很可能有一个孔洞。例如，你花费了大量的时间，开辟出一块美丽的草坪。你施肥、浇水、修剪，花大力气清除杂草。有一天，地鼠来了，它们渴望你家草坪下的昆虫幼虫和蚯蚓，因此毫不客气地大快朵颐，并在通往早午餐的路上挖出地道。现在，你精心打理的景观成了一个景物缺失的迷宫，或者有许多地鼠洞。

在供应网络中找到结构洞并不总是那么容易，因为结构洞在本质上既指结构上的空隙，又指关系上的空隙。你可能会扫一眼周围的风景，看到所有你认为应该看到的东西，稍后才发现一些重要的东西缺失了。同样的道理，在关系或结构中的一个大洞往往隐藏在表层之下，或者在你的视野之外。

在供应网络中，结构洞在以下三种情况下很容易出现。第一，当你意识到自己不知道一些有价值的、可能会影响运营的事情时。第二，当你缺乏获取重要信息的途径时。例如，你知道自己的盲区在哪里，却无法消除它。第三，当获取信息的成本相对较高时。因此，结构洞通常意味着来自另一端的信息或数据对你很有价值，但是获取它们很困难。

例如，麦当劳从美国、澳大利亚、新西兰和加拿大等国家采购牛肉。在从农场采购牛肉到你购买汉堡包的整个过程中有很多中间分销商或运输商。可视性和知悉这段旅程的细节（牛肉途经的地点和时间）具有很高的价值，特别是当牛肉出现问题时。麦当劳越快、越准确地定位问题，就能越快速地处理掉来自出现问题的农场或经过会造成污染的中间商的所有批次的产品。

这是当前供应网络中的一项艰巨的任务。2013 年欧洲爆发“马肉丑闻”时，麦当劳发布了一系列广告来澄清其牛肉的来源，以消除消费者的担忧。如果麦当劳当时能够说“我们知道每一磅牛肉的来源，我们的区块链可以显示所有的细节”，效果就会更好。但是，当时的麦当劳无法做到这一点，因为其供应网络中的结构洞制约了其快速获取那些信息的能力。

柯达也面临过类似的挑战。一些用于胶卷生产的化工品中可能含有来自刚果民主共和国及周边国家的矿物质。这使柯达很难符合美国证券交易委员会有关“冲突矿产”的披露规则，也很难令关注这一议题的消费者满意。

像麦当劳、柯达和许多其他企业一样，你为了解决供应商问题，很可能会立即开始确认谁最有可能知道重要的事情或谁手里有关键数据。但是，那个人通常只与你建立了弱连接。如果这是一个强连接，那么你早就已经拥有一个成熟、连续的信息流了。

例如，在图 5.8 中，节点 A（黑色）表示你的企业，节点 B（灰色）表示你的主要供应商，其他节点表示你的主要供应商的供应商。要想了解供应商之间的情况，唯一的方法是借助节点 B 的信息。节点 B 很有可能与你建立了强连接，而且你们之间已经存在连续的数据流。然而，你对其他供应商的了解是由节点 B 决定的。对很多企业来说，就像麦当劳和柯达的情况那样，供应商及其次级供应商的集群比这个简单的示例更加庞大、复杂和动态化。

其他供应商可能具备非常有价值的知识，但与它们中的任何一个建立昂贵的 EDI 连接是完全没有必要的，因为你不知道它们将会在供应网络中待多久。获悉其他人具备有价值的专业知识是非常重要的，但这些知识只有在可以被获取时才对你真正有帮助。如果你确认丢失的信息是有价值的，并且你

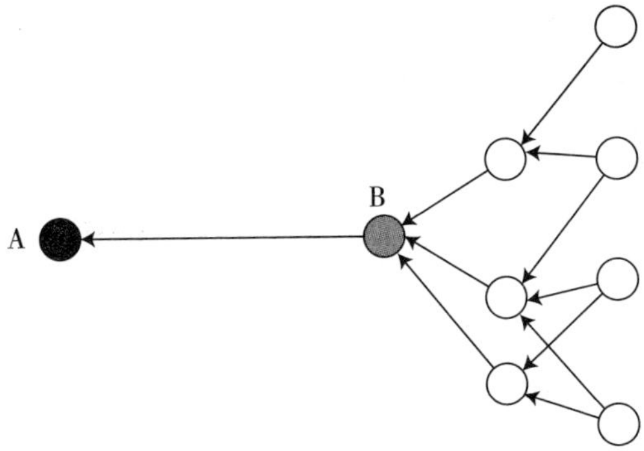

图 5.8　一个简单的网络连接

知道自己缺乏获取它的途径，那么你仍然需要考量跨过这个结构洞所花费的成本。

这个成本与获取信息的难度相关，但还有其他的影响因素。例如，如果节点 A 和节点 B 以外的其他供应商之间没有 IT 上的连接，那么从这些供应商获得信息所花费的金钱、时间或精力等方面的成本就会更高。信息交换所产生的责任义务也是一种成本。换句话说，向结构洞另一边的网络成员索要重要信息可能会引起伴随着互惠原则而来的义务。

区块链正是在存在结构洞的背景下才真正闪光的。大多数企业只寻求并依赖于可获取的信息，而区块链通过消除结构洞扩展了可轻松获取的信息的列表。

你可以通过与你的供应商的某个供应商建立基于区块链的信息连接来越过结构洞。最理想的情况是，这家企业与它所在集群中的其他企业联系紧密。例如，通过与节点 B 的某家供应商建立基于区块链的连接（见图 5.9 中从节点 C 到节点 A 的虚线箭头），你可以获得更多的重要信息，可能会超出你从直接供应商（节点 B）那里得到的。现在，你也可以通过直接供应商的供应商（节点 C）获取关键信息了，这些信息还可以来自该供应商的供应商——位于“另一边”的、与节点C连接的三个节点。由此，你增强了对以前只能间接获得的信息的了解。区块链在你和其他企业之间建立低成本、安全而又高效的数据渠道的能力是其核心优势。

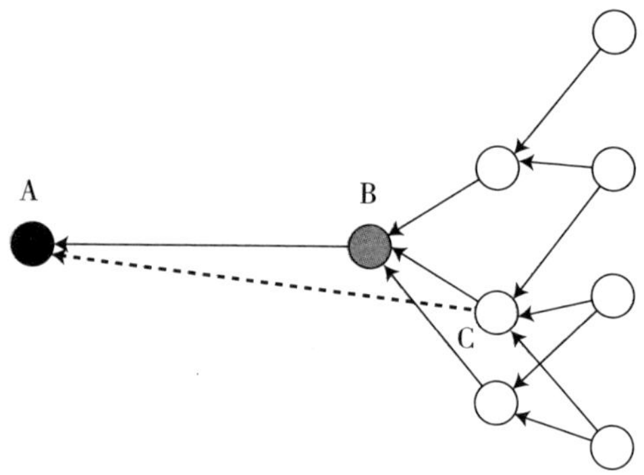

图 5.9 跨越结构洞

前文提到，区块链更像是一种基础性技术，而不是一种破坏性技术。它具有的大部分破坏性主要来自相关的炒作。它能够以一种经济有效的方式跨越结构洞，这种能力使其具有破坏性的潜力。

在《创新者的窘境》（*The Innovator's Dilemma*）一书中，哈佛大学的克莱顿·克里斯坦森（Clayton Christensen）教授对破坏性创新（Disruptive Innovation）和持续性创新（Sustaining Innovation）进行了区分。持续性创新会带来渐进的、稳定的改进。目前，关于区块链的大多数争论主要围绕它是否比现有的与之功能相同的技术或数据库更好。正如前文已经指出的，的确很难找到优于现有解决方案的区块链的应用方式。因此，我们很难将区块链的潜力视为持续性创新。

根据克里斯坦森的说法，一项破坏性技术刚开始往往在一些属性上表现较差，而这些属性又恰恰被一些主要的合作伙伴（见图5.8中的节点B）所重视。这些合作伙伴可能会认为区块链没有吸引力，甚至是不受欢迎的，因为它们会对你所获得的关于“另一边”的进展情况失去一些控制。而当你专注于节点B时，你可能会忽略与其他间接供应商建立连接的可能性和价值。

事实上，区块链提供了一系列能够与间接合作伙伴良好协作的特性。例如，基于区块链的连接可以迅速且相对成本低廉地在任意两家企业之间建立起来，而无须实施像安装和配置EDI系统这样昂贵且不灵活的解决方案。这能够为实现更加广泛的可视性、进行更深度的学习及具备更强的态势感知能力提供全新的可能性。其他企业可能会介入并着手开发和探索与间接合作伙伴建立连接的价值。这样的连接很稀少，因为它们成本高昂，而且基本上不会带来太多的好处。然而，有了区块链，越来越多的企业将会建立这样的连接。通过这样的方式，区块链可能会变成一种成熟的技术，使弱连接变强，或者使间接关系变成直接关系。区块链可能还会进入直接的、主要的合作伙伴之间被传统技术占据的领域。

正如你所看到的，网络理论提供了关于如何在日益复杂化、动态化的供应链生态系统中应用区块链的大量见解。但是，这些因素将如何影响供应链生态系统内供应链管理的特定领域？本书的其余章节将通过更加深入地研究区块链对供应链管理的五个相互关联的组成部分（可持续供应链管理、库存管理、需求管理、供应管理和运输管理的潜在影响）来回答这个问题。

本章要点

- 两场巨大的变革正在席卷全球供应链。首先，供应链会变得越来越复杂。其次，供应链及其运营正变得越来越动态化。
- 从简单的供应链到拥有复杂动态生态系统的供应网络的转变，将使网络理论成为供应链管理中日益重要的组成部分。因此，网络理论在理解和实施区块链解决方案中扮演着重要的角色。

- 结构性嵌入涉及如何配置或构造关系。这是网络互动中非个人化的方面。
- 关系性嵌入是通过一段互动历史形成的个人关系配置。它是更加个人化的要素，涉及关系的质量而非结构。
- 你越能缩小两个与你相连的网络之间的结构洞（换句话说，为接触另外一个网络中的其他成员创造更好的方式），你获得的信息和资源就越优质，你把这种连接转化为竞争优势的可能性就越大。
- 区块链所实现的虚拟邻近在访问权限和时机两个方面为信息共享带来了好处。
- 供应网络会从不稳定的、零散的企业群演进为更稳固的、快速扩张的多方协作组织，然后演进为萎缩、衰退的系统。在每个阶段，企业会面临不同的挑战，因此区块链可以带来不同的好处。
- 在供应网络中，结构洞在以下三种情况下很容易出现。第一，当你意识到你不知道一些有价值的、可能会影响运营的事情时。第二，当你缺乏获取重要信息的途径时。第三，当获取信息的成本相对较高时。
- 区块链可以连接那些你相对不太了解的间接合作伙伴，这能够为实现更加广泛的可视性、进行更深度的学习及具备更强的态势感知能力提供全新的可能性。

第 6 章

可持续供应链管理

1989 年，一列货运列车横跨美国中部，坐在列车搭载的客运车厢里的两位相互竞争的运输业大亨握手言和，他们当天下午达成的协议（尽管被一些人嘲笑和无视）最终重塑了整个货运行业。

J.B. 亨特运输公司的创始人约翰尼·布赖恩·亨特（Johnnie Bryan Hunt）与当时的圣塔菲铁路公司（Santa Fe Railway Company）总裁迈克·哈弗蒂（Mike Haverty）之间的“战略联盟”促成了史上首家多式联运企业，从而改变了两家公司的发展轨迹，将它们置于数十亿美元级别战略的前沿。

事后来看，这个想法显而易见——使用一家大型汽运公司的车队将集装箱从托运人处运往铁路场站，将其装载至一列跨国运输的火车上，然后在另一端再次使用该汽运公司的车队，完成最后一公里的运输。以前从来没有人尝试过这个想法，主要是因为没有人认为来自高度竞争且经常敌对的铁路运输行业和公路运输行业的参与者可以在不试图相互倾轧的情况下合作。然而，事实证明，这样的联盟非常成功。它给铁路公司带来了可靠的服务，同时减少了对货运代理的依赖。它也减少了汽运公司对长途货运司机的需求，这些司机在过去（现在仍然是）供不应求。联盟为两家公司打开了发展新业务和业务增长的大门。

这也将使两家公司在其可持续发展报告中得分，尽管这样的报告在当时是闻所未闻的。亨特和哈弗蒂在最初达成协议时始料不及的一项附加好处是，多式联运的增长减轻了美国高速公路的拥堵，减少了 J.B. 亨特运输公司的温室气体排放和碳足迹，使这项合作对环境更加友好。

在过去的 30 年里，一家企业对环境的影响及其对可持续发展的总体方针对所有与供应链管理相关的人员来说已经变得越来越重要。事实上，可持续发展在今天基本已经被视为一种供应链管理责任。一家企业不可能是可持续发展的，除非其供应链是可持续发展的。因此，任何声称能够改善整个供应链可持续发展的技术都应该受到供应链管理者的关注。

当然，我们也意识到，“可持续发展”是一个时髦的术语，它几乎对所有使用它的人都有不同的含义。因此，在把它应用于供应链管理时，我们需要遵循一个通用的定义。2008 年，克雷格·卡特（Craig Carter）和戴尔·罗杰斯（Dale Rogers）在《国际物流杂志》（*International Journal of Physical Distribution & Logistics Management*）上发表了一篇影响深远的文章，他们将可持续供应链管理（Sustainable Supply Chain Management, SSCM）定义为“在改善长期经济绩效的跨组织关键业务流程的系统性协调中，一个组织的社会、环境和经济目标的战略性、透明化整合与达成”。

虽然这个定义又长又拗口，但是相当精确。其主要思想是社会、环境和经济责任的整合，以及 SSCM 可以真正地为相关的各类企业及其他组织创造价值的基本断言。而且，实证结果表明，实现社会、环境和经济之间的平衡可以提高企业的运营效率并降低成本，企业在质量、合规性、风险缓解、供应链安全、企业形象、员工的健康和安全标准、市场及收入增长等方面也会取得改进。

许多企业都争先恐后地认领这种更加宽泛的可持续发展观，就好像它是一个人见人爱的婴儿一样。1999 年的企业可持续发展报告的重点都是环境问题。2004 年，世界 250 强中约有 68% 的企业发布了单独的年度可持续发展报告，其中考虑了环境、社会和经济问题。此外，这些报告中的 80% 都讨论了与供应链相关的议题。

环境和社会的影响贯穿整个供应链，一般来说，最大的影响在原材料领域（农场、矿山和其他可视性最低的供应商），以及与运输相关的领域。根据 2011 年的碳信息披露项目报告，全球温室气体排放总量的 20% 以上是由全球较大的约 2 500 家企业产生的，而且源于企业经营活动的碳排放中有相当高的比例是由这些企业的供应链所产生的。

正如前文所介绍的，当前的挑战是现在的供应链都是复杂且动态化的生态系统。进行采购的企业缺乏对供应链不同层级的可视性，因而缺乏信息。这意味着它们无法进行准确而完备的分析。此外，它们对自己的供应商的可持续发展实践缺乏控制，但在很多情况下，它们要承担由这些供应商产生的与可持续发展相关的所有问题的责任。就这一点而言，SSCM 不只与运营效率有关，还与营销和公共关系有关。

当然，有些企业热衷于将自己标榜为生态友好的和可持续发展的企业。例如，巴塔哥尼亚（Patagonia）使用可回收利用的袋子而非大且笨重的箱子来邮寄户外服饰和装备，并定期检查其供应链，以识别和消除财务和环境浪费。它也是来自全球 60 多个国家的 2 600 多家获得“共益企业”（Benefit Corporations, B Corps）认证的企业之一，而“法律要求这些企业考虑其决策对员工、客户、供应商、社会和环境的影响”。

另外一些企业虽然在可持续发展方面做出了一些了不起的事情（基于我们的研究和与它们的互动），但是它们尚不愿意让公众知晓。它们之所以不愿意把所做的事情说出来，是因为一旦出了问题，此类口碑通常很容易让它们成为标靶，即使这些问题不是它们所能控制的。相比于那些不标榜自己为“可持续发展的企业”的竞争对手，负面反弹要大得多。而对那些用厚厚的报告全面记录自己“做好事”的企业来说，当他们的供应商脱离了可持续发展的轨道时，它们也不能免于批评。

当富士康（Foxconn）在日本的工厂暴露出令人不安的工作环境时，苹果公司等企业遭受了抨击。当印度尼西亚的棕榈油生产商 Sawit Sumbermas Sarana 被指控滥伐森林时，联合利华等企业被要求对此事负责。在雀巢的网站上，你可以找到一份长达 113 页的报告，该报告介绍了该企业如何创造共享价值，如何提高生活质量，以及如何为更加健康的未来做出贡献。但是，在 Listverse 网站上，你会读到“雀巢的十大惊天丑闻”。

这一切的主要问题是，即使是大型企业，也无法知晓供应链上正在发生的一切，而这正是区块链能够提供最大帮助的地方。通过提供可视化的不可篡改的账本，区块链承诺让员工，最终还有企业及其供应链，都承担起责任。

当然，可持续发展对供应链管理的所有领域来说都是一个重要议题。因此，在接下来的几章里，我们将以特定的方式来讨论区块链在 SSCM 方面的应用潜力。值得注意的是，世界经济论坛在 2018 年 9 月发布的一份报告列出了区块链“解决全球环境挑战”的 65 种方法。世界经济论坛认为，如果区块链被负责任地使用，它就能发挥这样的作用。在发布报告时，世界经济论坛的希拉·沃伦（Sheila Warren）指出，区块链仍然是一项新兴技术，但她表示：“现在正是利益相关者携手合作以确保开发出对人类和地球有益的负责任的区块链解决方案的最佳时机。”

该报告还指出，区块链可以对气候变化、生物多样性及其保护、海洋健康、水安全、清洁空气、气候和灾害恢复力等产生积极的影响。为什么呢？这份报告提供了一份正在测试的想法和用例的详细清单——从点对点的可再生能源交易系统到电子数据平台，再到用于疾病控制的物种入侵追踪系统，还有分布式灾害保险平台。许多创意显然不使用区块链就能够实现。但在很多情况下，区块链可以提供迅速开一个好头的手段，或者为某些情况提供一个前所未有的潜在解决方案。

总而言之，这些解决方案与我们在本书中分享的使用区块链的所有理由一致，世界经济论坛则将它们分为以下五个主题：

- 分布式系统；
- 自然资源或许可的点对点交易；
- 供应链监控与溯源；
- 新融资模式，包括投资民主化；
- 非金融价值的实现，包括自然资本。

对供应链管理者来说，这些可持续发展议题的潜在解决方案将在库存管理、需求管理、供应管理和运输管理等供应链战略规划和执行的许多其他方面铺开，这正是我们接下来要关注的内容。

本章要点

- 可持续发展在今天基本已经被视为一种供应链管理责任。
- 在供应链管理中，可持续发展的核心是通过实现社会、环境和经济目标来创造价值。
- 环境和社会影响贯穿整个供应链，一般来说，最大的影响在原材料领域及与运输相关的领域。

- 可持续供应链管理不只与运营效率有关，还与营销和公共关系有关。
- 通过提供可视化的不可篡改的账本，区块链承诺让员工，最终还有企业及其供应链，都承担起责任。
- 世界经济论坛的一份报告指出，区块链可以对气候变化、生物多样性及其保护、海洋健康、水安全、清洁空气、气候和灾害恢复力等产生积极的影响。

第 7 章

库存管理

如果你已经在供应链管理领域工作了很长时间，那么你肯定对牛鞭效应非常熟悉。你可能不仅了解它，还亲身体验过。萨姆·沃尔顿商学院的学生在他们的求学生涯中很早就学会了这个概念，而从业者几乎每天都在与它打交道。尽管牛鞭效应给供应链管理的几乎每个环节都带来了问题，但最直接的影响发生在库存管理环节。这些挑战随着更加复杂和动态化的供应网络的出现而更加突出。正因为如此，区块链在减轻牛鞭效应方面的潜力对任何库存管理者来说都是令人向往的。

由于每天都和学生在一起，我们发现用一种简单的方式即可展示牛鞭效应，我们称之为“啤酒游戏”，但啤酒游戏中没有真正的啤酒。这让一些人失望，但也让另一些人松了一口气。啤酒游戏是一个经典的管理学游戏，它展示了供应网络中最具挑战性的一个现实场景。如果你想在这个过程中干掉一大杯，好吧，那随你。不过，我们在这个游戏中使用扑克牌表示啤酒。扑克牌比较便宜，而且在游戏结束后不需要叫出租车或代驾把游戏者送回家。

这个模拟现实的游戏有五个参与者，每个参与者代表供应链中的一个环节——零售商、分销商、批发商、啤酒厂（或工厂）和原材料供应商（见

图 7.1)。每个参与者直接向供应链上游的参与者下订单，而订单(纸条)是他们之间唯一的沟通方式。零售商写一张纸条，把它传给分销商，然后分销商再写一张纸条，把它传给批发商，依此类推。接着，订单通过扑克牌来满足。例如，一张 4 箱啤酒的订单将通过 4 张扑克牌来满足。

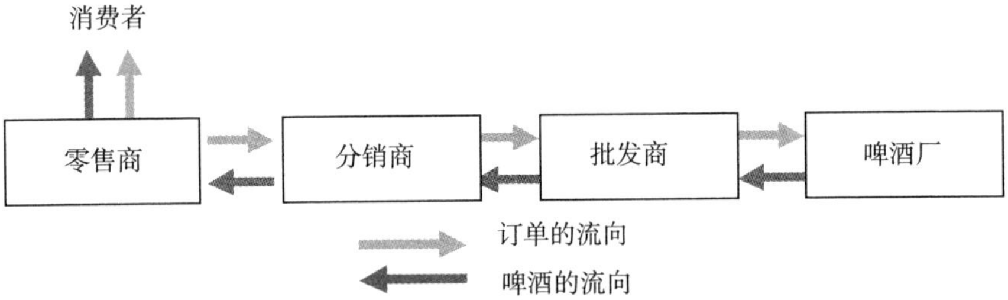

图 7.1　啤酒游戏 1

就像任何生意一样，参与者想要将成本最小化，同时将客户服务最大化。因此，该游戏的目标是将每个参与者持有的虚拟啤酒的数量最小化，好让啤酒保持新鲜。这是因为，谁都不喜欢馊啤酒，对吧？而且和现实生活一样，供应链中的每一个环节都必须等待订单被满足，并且最终都会经历库存积压或库存短缺的情况。

这听起来相当简单，而且一开始时总是问题很少。这场游戏从零售商订购 4 箱啤酒开始。通常情况下，供应链中的每个环节都会把订购量增加一点以提供一些缓冲。因此，分销商可能会向批发商订购 5 箱啤酒，而批发商可能会向啤酒厂订购 6 箱啤酒，啤酒厂则可能会订购 7 箱啤酒的原材料。

然而，大转折出现在几周(游戏开始几轮)之后，当我们让零售商把订购量增加到 8 箱时。每个参与者的反应都是继续增加订购量——再次提供一些缓冲。但由于订单履行环节的延迟，每个参与者只需几周的时间就能消耗完库存。参与者对彼此的失望和沮丧不可避免地增加，而他们的自然反应是订购更多的啤酒。但是，大约在第 20 周的时候，供给量开始赶上订购量，成箱的啤酒开始涌向供应链中的每个参与者。随着延期交货的订单被满足，库存开始建立起来了。游戏中的所有参与者都停止下订单，这在整条供应链中制造了新的失望和沮丧（见图 7.2）。

参与者发现了以下事实：小涟漪制造了大波浪。换句话说，需求的微小变化（小涟漪）制造了整个供应链的混乱（大波浪）。

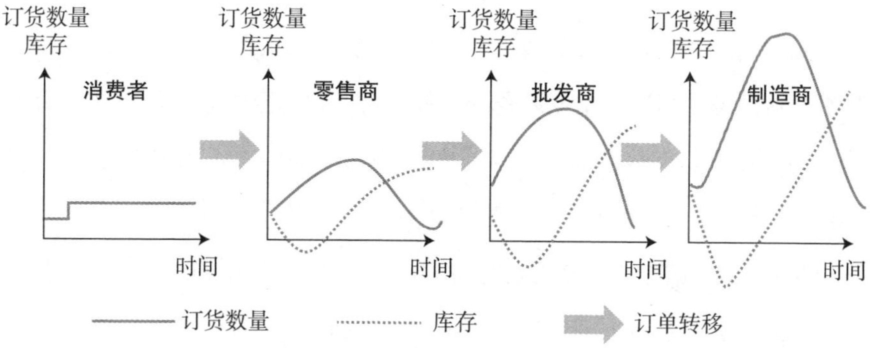

图 7.2　啤酒游戏 2

麻省理工学院的系统动力学先驱杰伊·赖特·福里斯特（Jay Wright Forrester）在 20 世纪 60 年代早期率先将此现象描述为牛鞭效应。在与通用电气公司管理者交流了他们在生产、库存、人事和利润等领域所经历的波动之后，福里斯特开发了这个模型。

戴维·莱恩（David Lane）和约翰·斯特曼（John Sterman）在《运筹学概论》（*Profiles in Operations Research*）的某一章里特别提到了福里斯特。他们说，福里斯特注意到了通用电气公司管理者“对他们收到的激励和信息以一种局部理性的方式”进行了回应，由此产生的政策“（虽然）从每个决策点的管理者的角度来看是明智且理性的，（却）导致了订单波动的大幅度放大，以及系统的整体不稳定”。

牛鞭效应最著名的例子可能是关于纸尿裤的。若干年前，宝洁公司注意到，其帮宝适（Pampers）牌婴儿纸尿裤的销量波动幅度远远超出了可以归因于出生率的任何变化。这些波动制造了大量的问题，因为纸尿裤销量的小起伏造成了整个供应链的巨大波动。

原因是什么？它源于沃尔玛对纸尿裤进行的特别销售人为地制造了需求，供应链中的所有人都通过增加订单来应对这一需求。但是，家长们已经囤积了足够的打折的纸尿裤，需求也因此下降了，这造成了库存过剩。供应商矫枉过正，随着需求开始回升，货架上的纸尿裤很快被一扫而空。家长们随即转向其他纸尿裤品牌。当这些企业调查这些波动时，它们意识到自己正在经历牛鞭效应。事实上，沃尔玛转向"天天低价"模式的原因之一就是为了防止此类波动。

价格折扣只是造成牛鞭效应的原因之一。另一个原因被称为"需求信号处理"，这涉及买家对下游需求波动过度响应而做出的理性订货决策。买家把每次波动都视为需求长期趋势的一部分，这会使他们把安全库存设定在需求范围内，从而导致需求信号扭曲。在缺货的预期下，买家也容易超额订购。

不论何种原因，牛鞭效应都会导致库存持有成本增加、价格更高（对消费者来说）、供应商利润率更低，以及真实需求形态更大的不确定性。

尽管企业管理者和学者意识到牛鞭效应已经存在几十年了，但是对供应链专业人士来说，它仍然是提高运营效率的最大挑战之一。尤其是随着供应链生态系统的发展（复杂性的增加），越来越多的因素可以在各个方面触发牛鞭效应。因此，在这里值得啰唆一句："区块链有可能消除或显著降低牛鞭效应的影响"这样的想法被提出来真的是一件值得庆幸的事情。

将牛鞭效应中的小起伏或大波动最小化的方法是创建可信的协同。归根结底，牛鞭效应之所以发生是因为整个供应链上的参与者缺乏可信赖的、关于它们正在采购和销售的产品的实时需求信息。大多数企业使用像EDI这样的既有技术来追踪产品在供应链上流动时的信息。然而，尽管这些企业在企业级的供应链软件上做了巨额投资，但产品位置在任何给定时间点的可视性仍然是非常有限的。

点对点的消息系统上的数据通常不同步，而且它只将数据从供应链上的一个点传递到另一个点。这对大型的垂直一体化企业来说是行得通的，但现在的供应链不是一成不变的。现代供应网络是由来自不同行业的数百家企业组成的。因此，供应链领导者决策时必须考虑大量来自不同维度和不同视角的因素。多家供应商、制造商、装配商、分销商和零售商之间的复杂关联已经成为现代供应网络的新常态。然而，大多数供应链领导者决策时仍然常常基于线性的买家—供应商关系、静态的环境和固定的行为等并不复杂的假设条件。但是，有多个参与者的供应链生态系统如今需要弹性、多功能性和灵活性，以应对不断变化的需求和产品生命周期。

当产品在现代供应链生态系统中流动时，GSI美国分会负责企业发展业务的高级副总裁梅拉妮·纽斯（Melanie Nuce）是那些能够看到区块链将如何提供关于产品的实时且准确的信息的人之一。

EDI真的是点对点的。我发给制造商一份采购清单，他们会发给我一份装船通知。随后，承运人会单独发给我一份航运状态通知，制造商很少看到这份通知，而货运发票只会在它们之间流转。但是（使用了区块链之后）你可以让所有人同时参与这场对话，而不必一次又一次地建立额外的连接。你可以进行更加严密的、有实物佐证的事件追踪，它与我们过去看到的那些实物和信息供应链非常不同，它与产品的联系更加紧密。

这可能不仅会减少牛鞭效应的负面影响，还可以使像扬纳斯这样的领导者也看到区块链创造逆向牛鞭效应的潜力。在离开沃尔玛就任美国 FDA 副局长之前，扬纳斯告诉我们：

“我们（沃尔玛）有一个相当大的供应链，而且我们以擅长供应链管理而闻名。我们发现对供应链或其中的流动进行微小的调整和改进就会给企业和消费者带来巨大的利益。例如，我们只需要在草莓从农场到餐桌的过程中零零星星地节约几个小时，就可以给消费者多带来 1~2 天的保质期。这减少了食物浪费，提高了产品质量……因此，我们不应该认为我们的供应链是效率最高的。食物从农场流向餐桌的过程中还有很多可以优化的地方。”

区块链也具备改善库存管理的其他几个方面的潜力。例如，使用区块链降低库存水平可以改善企业的资产回报率，从而带来显著的好处。

区块链还可以对与库存有关的成本管理和服务管理中的规划、预测、预算和人员配置等产生积极的影响。例如，我们可以考虑一下区块链对周期库存（两次补货之间的预期库存使用量）的影响。补货越频繁，周期库存就越少。“发票匹配失败”是与补货相关的费用之一，而区块链有助于减少或消除这种匹配失败。

发票匹配失败发生的原因是企业必须确保发票与原始订单、收货证明一致。当它们不一致时，应收账款部门就会调查并核对账务差异，而这样的核对会花费很多时间。当然，并不是每个订单都会发生发票匹配失败，但是每个订单都有一定的概率发生。因此，每张订单的发票匹配失败的平均期望成本是一项固定成本。这项固定成本越高，在一年里你愿意下的订单就越少。这意味着你每次订购的最佳库存数量会增加，从而使年均周期库存增加。

区块链可以使账务核对更加快速而便捷。事实上，在区块链中加入智能合约可以消除核对的必要。智能合约是嵌入区块链数据库的程序，它根据发生的交易自动触发指定的操作。它们是一种基于"If/Then"条件语句的程序，无须人工干预即可执行。使用区块链快速而准确地核对订单可以降低发票匹配失败的相关成本，进而降低整个订货成本，因此能够降低周期库存。由于区块链（包括智能合约）可以降低甚至消除发票匹配失败的预期成本，所以企业可以更加频繁地下订单，从而降低年均周期库存数量及持有成本。此外，发票匹配失败的减少或消除也能使企业压缩其应收账款规模。

最佳订货数量变少对物流的其他方面也有额外的影响：每次运输的货物数量可能会减少，而且需要每次装载一大批种类不同的货物以保持满载运输；如果不使用卡车运输模式，那么对小批量运输的需求将会增加，小件包裹的运输量也会增加（由于电子商务的出现，运输量已经在增加了）；托盘配备可能要根据每个托盘装有更多不同品类的产品的情况做出调整；产品打包也可能需要调整，因为每箱能装的最佳产品数量可能会减少。

谁会想到减少或消除发票匹配失败能够产生这样的经济效应呢？况且，我们只讨论了与订单相关的一项成本的影响。因此，当我们处理与订单相关的每项成本时，请想一想区块链及智能合约带来的整体效果吧！此外，正如前述例子所展示的那样，区块链及智能合约带来的微妙影响可能是不易察觉的，因此，我们很容易低估这类技术变革的影响的量级和广度。

安全库存是另外一类可能会让我们观察到来自区块链的影响的库存。安全库存是为应对不确定性（主要是需求的不确定性和前置时间的不确定性）而持有的额外库存。如果需求是高度不确定或不可见的，企业就需要更多的安全库存，以确保不会缺货。沃尔玛提供销售点（Point of Sale，POS）数据的做法是零售商向供应商提供需求可视性的方式之一，这降低了供应商对安全库存的需求。这种可视性还使供应商可以更好地规划运输和安排仓库劳动力，从而减少了许多其他成本。

区块链可以用来进一步降低需求的不确定性。设想一个区块链，其中每个区块都记录了一笔交易，显示了供应网络中每个位置当前的产品销量，以及基于各种预测模型的销量预测值和基于 AI 选择的最佳预测值。因此，一个区块可能包含如下信息：昨天销售 24 个；今天销售 13 个；过去一周平均每天销售 19 个；预测模型 *X* 预测今天将销售 21 个；预测模型 *Y* 预测今天将销售 17 个……预测模型 *n* 预测今天将销售 18 个；基于 AI 选择的预测值是 20 个。我们可以向区块链上所有能够根据这些信息改进计划的人授权，使之可以访问这些区块。

可能看起来你需要做的只是基于 AI 选择的预测值对计划进行改进，但遗憾的是事实并非如此。人类仍然要参与其中，因为我们尚未完善“最佳”预测值的选择方法。如果这种情况真的实现了，那么我们完全可以从预测中剔除人为因素，但我们现在甚至还没有接近这个问题的解决方案。尽管如此，我们仍然建议减少供应链中的安全库存，即使这并不会大量减少体力劳动。另外，可能更重要的是，与减少对安全库存的需求的原理相同，区块链在减少供应链中的缺货这个方面也有很大的潜力。

安全库存不仅能够防范需求的不确定性，还能够防范前置时间的不确定性。如果需求是完全确定的，而前置时间（从你下达订单到你收到库存并使其可供销售的这段时间）是不确定的，那么你需要安全库存来降低缺货的可能性。例如，假设你每天销售 5 个特定产品，在一天结束的时候你向供应商订购 5 个产品，并在第二天早上开门营业前收到它们。在这种情况下，需求和前置时间都是确定的，你并不需要安全库存。现在设想一下，你订的货不是在第二天早上到达，而是在第三天早上到达。在这种情况下，你可能想要在手上持有超过 5 个的产品，以备在前置时间变长的情况下不缺货。这是一个简单的例子，但是它有助于说明为什么前置时间不确定是与需求不确定一样的大问题，以及为什么它们都催生了对安全库存的需求。

因此，区块链不仅具备降低需求不确定性的潜力，而且能够降低前置时间的不确定性。回到每个区块中都包含销量和预测值的那个例子，那些区块中应该也包含以下关于前置时间的信息：供应链中的某个位置收到订单的时间，订单从上游位置到当前位置的运输时间，任意两个位置之间的平均运输时间，任意两个位置之间的运输时间方差，从供应链起始位置到当前位置的运输时间，等等。同样，这些信息对供应链上每个被许可的实体都可见，因而降低了前置时间的不确定性和对安全库存的需求。

本章要点

- 牛鞭效应会导致库存持有成本的增加、价格更高（对消费者来说）、供应商利润率更低，以及比真实需求形态更大的不确定性。“区块链有可能消除或显著降低牛鞭效应的影响”这样的想法被提出来真的是一件值得庆幸的事情。
- 当产品在现代供应链生态系统中流动时，区块链提供了关于产品的实时且准确的信息。这可能不仅会减少牛鞭效应的负面影响，也潜在地创造了一种逆向牛鞭效应。
- 使用区块链降低库存水平可以改善企业的资产回报率，从而带来显著的好处。区块链还可以对与库存有关的成本管理和服务管理中的规划、预测、预算和人员配置等产生积极的影响。

第8章

需求管理

不久前，我们认识的一位女士在一家百货公司的广告传单上看到了一双红色鞋子，她的眼睛立刻亮了起来。这不是一双普通的红色鞋子，她寻找这个颜色和款式的鞋子已经超过一年的时间了。现在，她不仅找到了心仪的鞋子，而且百货公司还在打折出售！

当天下午她就带着钱包和银行卡直奔那家百货公司。她找到了一个相当近的停车位，几乎可以马上进店，并踩着刚打完蜡的地板去往鞋子销售专柜。上百双不同款式的鞋子在那里迎接她，换成其他任何一天，她很可能会好好地逛一逛，在其中找一找实惠的鞋子。然而，今天她的任务是购买那双她寻找已久的红色鞋子。但是，她遇到了一个问题：这家店里没有那双鞋子，没有红色的，甚至没有那个款式的。

学者喜欢讨论什么是需求管理，或者什么不是需求管理。不过，这位消费者可不关心这些可能已经在发挥作用的供应链管理的各种标签。她所关心的是她进行了一场走乡穿镇的旅行，但没有带着她（寻找已久）的红色鞋子回家。与此同时，这家百货公司进行了一场失败的促销活动，制造了一次糟糕的消费体验。这次消费体验本来可以被该消费者在社交媒体平台上很好地分享。

本章的目的不是讨论需求管理的定义。我们意识到，供应链管理中的各个部分是相互关联的，可以根据使用者的需要进行不同方式的切分。但是，以我们的观点来看，这个关于红色鞋子的故事里的所有事情都与需求管理相关。

这款红色鞋子可能因为销售预测不佳而早已断货。销售预测是所有供应链问题的核心，当然也是需求管理的核心。如果销售预测是准确的，那么可能是基于该销售预测的计划被搞砸了，也可能是销售和运营计划（Sales and Operations Planning，SOP）流程中出现了断层，或者该计划根本没有被执行。不管怎样，这都是需求管理的一部分。这是一个典型的供需不协调的例子。营销部门出去促销，却无法保证产品供应跟得上。

因此，问题在于：如果区块链被零售商及其合作伙伴用于改进需求管理，那么这个消费者会得到她想要的鞋子吗？或者，再也不会出现这种具有误导性的广告传单了吗？答案可能是肯定的，因为区块链预计会为需求管理提供积极的整体解决方案。

简单来说，需求管理就是在供应链及其服务的市场上创造出协调的需求流。它包括传统的营销活动，但它试图协调整个供应链的需求流（需求计划），从深入了解消费者需求开始，并使计划和补货流程与实际的消费行为和消费者需求（SOP）相一致。它为供应链成员参与需求计划流程提供了激励，而这一切都要从销售预测管理开始。区块链为显著促进需求管理中这些领域的影响力提供了机会。

计划协同

正如牛鞭效应所揭示的，当不相关联的供应链成员独立运营时，根据需求（也包括订单和库存）做出的销售预测的误差在供应链的每个上游层面都会被放大。

这种放大效应可能是巨大的。例如，考虑一个最简单的供应链，其最终消费者对某产品的需求为 10 000 个。零售商在销量预测方面表现优秀，它预计最终需求为 10 000 个。但是，因为该零售商并不确切地知道客户需求，所以它增加了 10% 的安全库存（基于需求波动的历史经验，以及不愿意缺货）。零售商订购了 11 000 个（预测的 10 000 个，加上 1 000 个的安全库存）。批发商独立进行预测，因此它断定消费者需求一定是 11 000 个，而不是 10 000 个。批发商也增加了 10% 的安全库存，因此向制造商订购了 12 100 个（预测的 11 000 个，加上 1 100 个的安全库存）。同样的模式在制造商处继续，制造商向其一级供应商订购了 13 310 个，一级供应商则向自己的供应商订购了 14 640 个。在这个简化的供应链中，每个成员实际上只需要 10 000 个，再加上 1 000 个的安全库存。但由于它们之间并未有效地沟通，最终产生的非必要安全库存多达 7 050 个。

这个例子展现了传统的需求管理方式，即企业向其营销部门分派了为各种产品创造需求的任务（促销计划、活动和价格折扣），但几乎不向供应链中的其他公司分享信息。正如我们所看到的，这给整个供应链的计划制订和执行带了巨大的挑战。

正如第 7 章所指出的，在上述例子里，零售商减轻牛鞭效应的一个方法是通过提供销售点数据来提供整个供应链销售情况的可视性，但这种方法仍然是有局限性的。例如，假设销售点数据在每天结束时更新（这在一流的企业中并不少见）；在第二天，零售商分析交易记录和库存位置，以创建新的采购订单；在第三天，供应商分析采购订单，与可用的供货量进行校准，然后反馈发货日期。在这个例子中，如果供应商有货可供，那么它会在第四天将货物运送到配送中心。

尽管做了很多假设（例如，对每一天及可用供货量的分析），但与原先的供应链需求计划的制订与执行相比，这仍然是令人印象深刻的。现在想象一下区块链上的这个流程，它能够实现这些销售信息的实时传输，而不必等待销售点数据的每日更新。在一天甚至更短的时间里，区块链上可用的交易数据和库存位置数据会被用来分析供应能力，发货可以被立即提交和触发。假设一切顺利，原先 4 天的流程将会被压缩到 2 天甚至更短，而这只是基于区块链的需求管理所带来的一部分好处。

销售预测

销售预测中的两个主要问题通常被称为系统脱节和分析孤岛。

当销售预测人员无法以电子化的方式获得所需的信息时，就会发生系统脱节。在市场调研信息、库存水平、已确认的订单、供应商和零售商的 EDI 系统输入甚至历史需求信息都不可用的时候，销售预测人员根本就没有足够的信息来开展他们的工作。缺乏准确的信息，也就没有人能够进行准确的预测。区块链通过向销售预测人员提供对包含预测必需信息的系统的电子化访问权限来帮助解决系统脱节的问题。

当销售预测结果的使用者无法以电子化的方式访问预测系统时，就会产生分析孤岛。企业里所有部门（营销、销售、财务、生产和物流等部门）的管理者都需要在他们的工作中使用销售预测结果（企业中每个业务流程最终都是以这样或那样的预测开始的）。当这些管理者无法获得可信的销售预测结果时，他们的反应可能是手工向预测系统输入数据，这可能会带来更多的错误。更常见的情况是，管理者感到沮丧，并轻率地去创建新的独立预测。

这些分析孤岛还导致了重复的工作。每个部门都在没有获得所需的所有信息的情况下进行预测，而且没有一个部门能够获得来自其他部门的输入，这只能说明企业内部缺乏沟通联系。同样的事情也发生在企业与企业之间，这意味着这些分析孤岛会沿着供应链被放大（因此，牛鞭效应也被放大了）。

区块链为系统脱节和分析孤岛提供了潜在的解决方案，因为它在企业内部和外部都提供了一个开放、互联的系统。在企业内部，用于各职能领域、销售预测和其他互联系统的区块链都是绑定在一起的，它们全都在同一个页面上运行。任何参与销售预测工作的人员都可以访问任何所需的信息，无论这些信息是历史销售额、历史订单量、用于回归分析的市场调研信息、财务计划、生产调度计划或产能，还是库存水平。此外，这也意味着任何使用销售预测结果的人员都可以立即向销售预测人员提供输入，并基于现有的销售预测结果进行自己的分析。

销售和运营计划

区块链也可以优化 SOP 流程，这是需求管理中有关需求计划的一个重要维度。从根本上说，SOP（有时也被称为综合需求计划或总体计划）是一个协调企业的需求活动（如营销、促销和定价等）和供应活动（如采购、配送和生产等）的流程。

企业高层和下一级的管理层会定期召开会议，审查对需求、供应及相应的财务影响的预判。他们可能会识别出潜在的供需失衡，然后制订一系列的综合计划，并以财务上有利的方式重新平衡需求和供应。然而，缺乏数据及对可用数据的信任常常是无效的 SOP 的根源。

一场典型的 SOP 审查会议会召集来自需求方（销售、营销）、供应方（生产、物流、采购）和财务等多个职能领域的主要代表。他们讨论可用的信息，并试图就当前的供需状况达成一致，然后基于这种状况制订一个综合的执行计划。因此，SOP 依赖于从客户和供应商那里获得的恰当、可信、安全的数据。当其中任何一方不参与或不提供数据时，这个流程就中断了。例如，对一个客户来说，与经销商分享其 EDI 系统中的销售和库存数据可能会产生很大的风险。经销商会使用这些数据管理其渠道库存，但可能是以对该客户产生负面影响并帮助其竞争对手的方式来进行的。

区块链的授权许可功能有助于克服这些问题，因为它能有选择地许可或阻止对重要数据的访问。区块链可以创建一个高度安全的公共账本，从而建立一个受信任的认证数据来源，这有利于买家与供应商更好地共享信息，从而使更多有用的、可信的数据被 SOP 审查会议所使用。

需求调节

尽管 SOP 所提供的预测的精度有所提高，但预测本身往往会过时。因此，实现供需再平衡的能力至关重要。然而，一直以来企业的供应链部门被分派的任务是响应需求。在这种情况下，SOP 流程会导致供需平衡出现一种不对称的形态，即企业的供给侧服务于当前的需求或计划的需求。这是有问题的，如果供不应求，企业就会要求供应商、生产、运输等环节加快订单交付速度。而如果供过于求，企业就要承受库存过剩及相应的成本。需求调节提供了一个额外的更加均衡的方法来匹配供需。

说到世界级的需求管理，戴尔科技公司（Dell Technologies，以下简称“戴尔”）往往是数一数二的，而且它提供了一个很好的持续再平衡供需的例子。当供不应求时，戴尔会评估需求侧的替代方案，而不会着手实施加速订货、生产和运输等环节这样代价高昂的流程。戴尔在其网站上使用临时通知来更改产品的促销活动和售价以转移客户需求，使之更好地匹配可用的供货量。当某种产品的零部件缺货时，戴尔会从促销清单中去掉这些产品，提高其售价，而且在某些情况下还会延长其交付时间。这些策略将需求引向了其他库存量更高的产品。

在几年前美国西海岸的港口罢工期间，戴尔从亚洲供应商的进口遇到了困难。但戴尔凭借其与供应商的关系，以及以数据为基础的强有力的 SOP 流程，通过转移需求、寻找替代的运输模式以从亚洲进口零部件等措施，规避了该罢工带来的最坏影响。需求转移的执行速度是无可比拟的。一旦他们开始意识到这个问题（罢工），需求和供应方面的部门就开始制定解决方案，发货从第二天傍晚开始，并持续 3 个月。戴尔迅速的需求调节使它在这次罢工期间扩大了市场份额，其竞争对手却手足无措地仅从供给侧尝试着解决问题。

你可能在想：好吧，那可是闻名遐迩的戴尔供应链模式，是很难复制的。你这样想也没错。戴尔以其独特的、难以被模仿的企业文化而闻名于世，这使这种快速的需求调节成为可能。其他人看到了，可能也理解了，但是他们做不到。建立如此根深蒂固的企业文化和供应商关系，的确是其他人无法轻易模仿的。

基于区块链的需求管理无法消除糟糕的模式或有害的文化所带来的影响，但它可以让具有优秀的模式和文化的企业实现这种迅速、积极响应的需求调节。区块链差不多可以模拟这种供需调节迅速的戴尔文化，因为它可以为整个供应链提供可信、可视化的供需信息。

任何曾经试图在众多参与者中建立共识的人都知道，有效地完成这项任务是多么具有挑战性和耗费时间。但是，区块链提供了共识——信息是可信的，而且各方得到的是相同的信息。区块链中不存在任何关于交易的争议，因为各方都拥有相同版本的账本。因此，区块链使各方能够更快地发现问题（需求或供应的变化），并找到可用的替代方案（例如，使用替代供应商、选择不同的运输路线或调整财务计划），它们可以从中挑选并实施适合自己的需求调节解决方案。

与消费者相关的需求管理

戴尔拥有的另外一项看似不公平的优势是：从20世纪90年代初至今，与竞争对手相比，它与消费者拥有更加密切的联系。它那种具有变革性的供应链模式使其能与市场直接接触。数十年来，戴尔总能迅速发现消费者需求的变化，因而比那些与消费者没有直接联系的竞争对手能更快地响应这些变化。

全渠道零售迫使企业与其消费者建立更加直接的联系，但仍然有许多企业没有获得戴尔供应链模式所提供的优势。区块链可以为那些与终端消费者没有直接联系的企业创造公平的竞争环境。有了分布式区块链上的消费者需求数据（不断更新的销售额和相应的供应率等），供应链中后续层级的各家企业就有了信息来实现敏捷化，并能够在消费者需求发生变化时通过迅速增加或减少生产和订货来做出响应。重要的是，区块链帮助供应链中的所有参与者，而不仅仅是实体零售商和线上零售商，建立了与消费者之间的直接联系，这为改进需求管理提供了大量的机会。

正如前文所指出的，需求管理从消费者开始。然而，在许多需求管理流程中，核心部门（如预测和运营规划部门）与企业里直接与消费者互动的部门常常是相互脱节的。此外，消费者历来被视为供应链管理服务的被动接受者，而且一直被视为不是直接的或具有战略重要性的供应链成员。然而，这种观点正在迅速改变。近年来，移动通信技术的发展和对线上零售订单履行的日益重视，使终端消费者变得更加普遍，其结果是需求管理方法已经更多地转向了以消费者为导向。消费者的行为、感知和态度已经开始成为有效率且有效益的供应链在设计与执行过程中的关键战略输入。几年前，我们注意到大数据正在创造一个新的消费者亲密度的来源，而区块链应用现在已经将消费者作为一个更加活跃且强大的参与者带入了供应链。

区块链可以在需求管理中的消费者一侧提供帮助的一个关键领域是退货。区块链提供的数字化交易链使企业可以沿着供应链快速且准确地追溯和追踪产品。企业可以在区块链上对名牌手提包、太阳镜和鞋子等奢侈品进行智能标记，用于确认所有退回来的产品都是正品。这类品牌产品会在消费者不知情的情况下被仿制和销售，对它们进行智能标记并将其加载到区块链上可以起到防止被假冒的作用。

区块链能够影响的需求管理中的消费者一侧的另外一个领域是供应商活动监控。像 FieldAgent 和 Wegolook 这样的企业通过众包平台，将消费者反馈作为评估潜在供应商和既有供应商的低成本且有效的方式。数以百万计的消费者成了企业的耳目，被用于检查和报告供应商的一切活动。

然而，这些众包平台上的消费者的质量控制一直令人烦恼，因为消费者会想方设法地欺骗系统，通过付款或其他方式获得奖励。因此，虚假的众包信息可能无法准确地显示特定供应商的产品是否质量不佳（贴签马虎、货物损坏，甚至缺货）。结果呢？企业会向该供应商发出信号，要求其审核质量控制流程或发出更多的产品，这可能会引发牛鞭效应。区块链可以验证输入数据的准确性，并将其与其他数据源核对，以确保数据是准确的。然后，这些信息可以被快速地分享给供应链上游的所有参与者，以供进行有效的、由数据驱动的决策。

对供应链管理者来说，这一切意味着区块链可助于在产品的全生命周期中涉及的所有参与者获得准确的相关信息，从而使它们在管理需求时做出更加明智的决策。而这对消费者又意味着什么呢？我们的希望是能让消费者买到“红色鞋子”。

本章要点

- 区块链能够实现销售信息的实时传输，而不必等待销售点数据的每日更新。在一天甚至更短的时间里，区块链上可用的交易数据和库存位置数据会被用来分析供应能力，发货可以被立即提交和触发。
- 区块链通过向销售预测人员提供对包含预测必需信息的系统的电子化访问权限来帮助解决系统脱节的问题。区块链为系统脱节和分析孤岛提供了潜在的解决方案，因为它在企业内部和外部都提供了一个开放、互联的系统。
- 区块链可以创建一个高度安全的公共账本，从而可以建立一个受信任的认证数据来源，这有利于买家和供应商更好地共享信息，从而使更多有用的、可信的数据被销售和运营计划审查会议所使用。
- 区块链使各方能够更快地发现问题（需求或供应的变化），并找到可用的替代方案（例如，使用替代供应商、选择不同的运输路线或调整财务计划），它们可以从中挑选并实施适合自己的需求调节解决方案。
- 区块链提供的数字化交易链使企业可以沿着供应链快速且准确地追溯和追踪产品。通过在区块链上对奢侈品进行智能标记，企业能够确认所有退回来的产品都是正品，这可以起到防止被假冒的作用。
- 区块链可以验证输入数据的准确性，并能够快速地将信息分享给上游供应链中的所有参与者，以供进行有效的、由数据驱动的决策。

第9章

供应管理

区块链给供应网络带来的另外一项能力是在的高水平的可视性和高度透明化的驱动下实现更有效率和效益的采购。

区块链没有提供捷径，也没有重新定义采购的基本职责，但它的确为很多历史悠久的绩效挑战提供了潜在的应对方案。然而，要想把这些愿望变成现实，采购方式需要发生重大转变，而且对各类组织的各级采购人员来说，随之而来的是一些执行方面的重大挑战。

当然，采购是供应链的一部分，它确保企业在供应商身上精明地花钱。它负责向企业提供维持其运营所需的各种物品的可靠供应，负责保证企业对这些物品的需求及时地以正确的质量水平被满足，并负责确保企业遵守正确的劳动、环境和道德标准。简而言之，采购是工厂维持运行和商店保持存货的先决条件。如果采购失败，装配线就会逐渐瘫痪，工厂会关停，商店里的货架最后会变得空空如也，而消费者会去别的地方购买他们想要的东西。

你可以将采购称为采买、寻源、供应管理或其他用于描述在上游供应商那里花钱的术语，供应链的这个细分领域在过去几十年里在企业中占据了越来越重要的地位。

在金融服务等行业，大约 20% 的企业的财务收入被用于购买建筑物、计算机系统、设施服务、IT、营销服务及招聘。而在其他行业，这笔支出的占比要高得多，因为它包括劳动力支出以外的几乎所有费用。在制造业中，直接采购（装配线上所需的一切物品和服务）和间接采购（所购买的一切用于支持生产和销售的物品和服务）通常占企业收入的 60% 以上。在零售业，这笔支出的占比甚至更高，因为该行业有采购这样一个重要的因素。随着全球化外包和全球化采购的兴起，该占比在近年来有所上升，而采购也像供应链一样变得全球化了。

但事情并不总是这样的。在采购业的“石器时代”（20 世纪 70 年代以前），大多数采购业务都是行政性质的。这个领域的专业人士把大部分时间都花在工厂的后台服务上，他们主要处理采购订单和发票。这种情况在 20 世纪 80 年代才开始改变，因为企业的首席财务官和董事会成员开始意识到，在与供应商的谈判中投入更多资源去努力达成更有利和更具战略意义的交易，可以在财务上获得好处。

他们推理着：“如果我们投资一点技术，投资一个团队，再任命一个首席采购官，就能在供应商那里节省一大笔钱。我们不需要自己去省钱，供应商会替我们省钱。这就像是意外之财，但它会汇总到财务损益报表最后一栏的‘净收益’（或‘净利润’）里，被纳入我们的研发预算，变成我们的营销能力。”

对企业资源规划（Enterprise Resource Planning，ERP）等软件的投入，以及承诺在管理层中给采购团队更加重要的位置，已经在整个计划与订购周期内带来了越来越多的效率提升和成本节约。这也为采购负责人打开了大门，他们可以减少对行政性事务的关注，更多地关注供应商关系管理。这有助于他们维护和改善已经达成的交易，同时可以帮助企业与供应商实现更加紧密的合作，共同致力于最佳实践的创新。更具战略性的采购活动的出现，不仅为企业的日常经营节约了时间和成本，也帮助企业在完成并购之后更快地实现效率提升。

对采购来说，技术一直是并将继续是必不可少的，因为它有助于提供更好的可视性，以便企业了解花了多少钱，花在了什么上面，花在了谁身上，以及谁下了订单。发出采购订单和开具发票等流程的自动化程度越高，使用计算机程序对业务需求、支出趋势和其他数据做的分析就越多，企业与供应商之间的合作就越有效率，管理这些供应商关系的效率就越高。

这就是为什么区块链的那些承诺对采购来说如此诱人。有了更好的可视性及自动化程度更高的系统，采购所能做出的业务贡献就不再局限于运营层面的采购订单处理、战术层面的价格折扣谈判及战略层面的首选供应商安排。而供应商关系管理的范畴远远超过了汇总一张供应商绩效反馈电子表格。

总而言之，区块链能给采购团队带来以下好处。

信息获取速度更快

将区块链应用于采购可以更快地获取准确的信息，以供采购流程使用。例如，很多企业仍然在努力地履行其签订的所有合同。这些合同虽然各有特色和刚性，但通常都包含材料价格、合同时长、合同期限内的采购数量、违约金及最后一笔订单的前置时间等信息。

一旦企业达到一定的体量和规模，就会拥有多支采购团队，横跨企业的多个部门，有时还会分散在世界各地。这些团队都会产生与供应商签订的合同，而这些合同代表了一种市场承诺。举例来说，当新泽西的采购团队想要了解墨西哥城的采购团队所创建的一份合同时，这并不容易，更不用说快速获取合同内容了。如果企业的所有支出数据和所有合同的概述都放在了区块链上，那么从理论上来说，管理者可以像使用搜索引擎那样轻松地浏览它们，这将节省很多的时间和成本。

基本交易的自动化

区块链可以通过智能合约对供应商进行资格预审，自动生成订单、自动支付和自动开具发票，自动执行逆向竞价，从而减少人工参与，加快订购流程。

优化采购流程

采购流程将“供应”纳入供应链中，这是维持整个供应链运行的关键。战略采购、订货周期和供应商关系等相互关联的流程（见图9.1）都可以从区块链的承诺中看到受益之处。

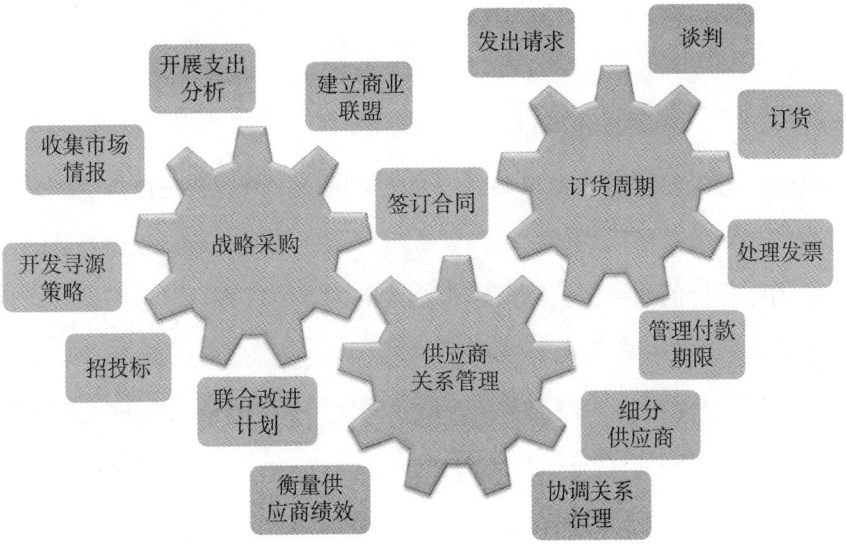

图9.1 采购流程

订货周期在很大程度上是运营层面的，而且已经高度自动化了，但是仍然值得去测试区块链通过智能合约及其他事物处理流程所能带来的好处。在多个利益相关者都能从可视性中获益的领域里，区块链尤其具有应用前景。但是，如果区块链只能证明其是另一种平台，而不是另一种更好的平台，企业就没有什么理由去更换平台。

战略采购涉及大量的分析和规划，因此在像区块链这样共享的、不可更改的平台上收集数据可以获得利用可视性制定决策并加快决策流程的机会，以及签订合同的机会。

可视性还可以帮助管理者更快地发现并解决效率低下的问题，这可能会带来关于持续改进的讨论机会，这些讨论属于供应商关系管理的范畴。然而，这些都代表了更加复杂的挑战，而最佳的区块链初始试点应该是简单的，而且有直接的目标。上线测试用于供应商关系管理的区块链固然是一件值得尝试的事情，但也只有当它们建立在早期的成功试点项目的基础之上时才值得一试。

寻源策略

采购中的寻源策略分为两类：一类注重价格，另一类注重价值。采用注重价格的寻源策略可以增加企业的购买力，这也是很多采购专业人员的舒适区。采用注重价值的寻源策略可以为企业创造竞争优势，但这需要企业付出更多的关系资本和协作努力。

图 9.2 描述了寻源策略的不同方面，而区块链将在某种程度上影响所有方面。

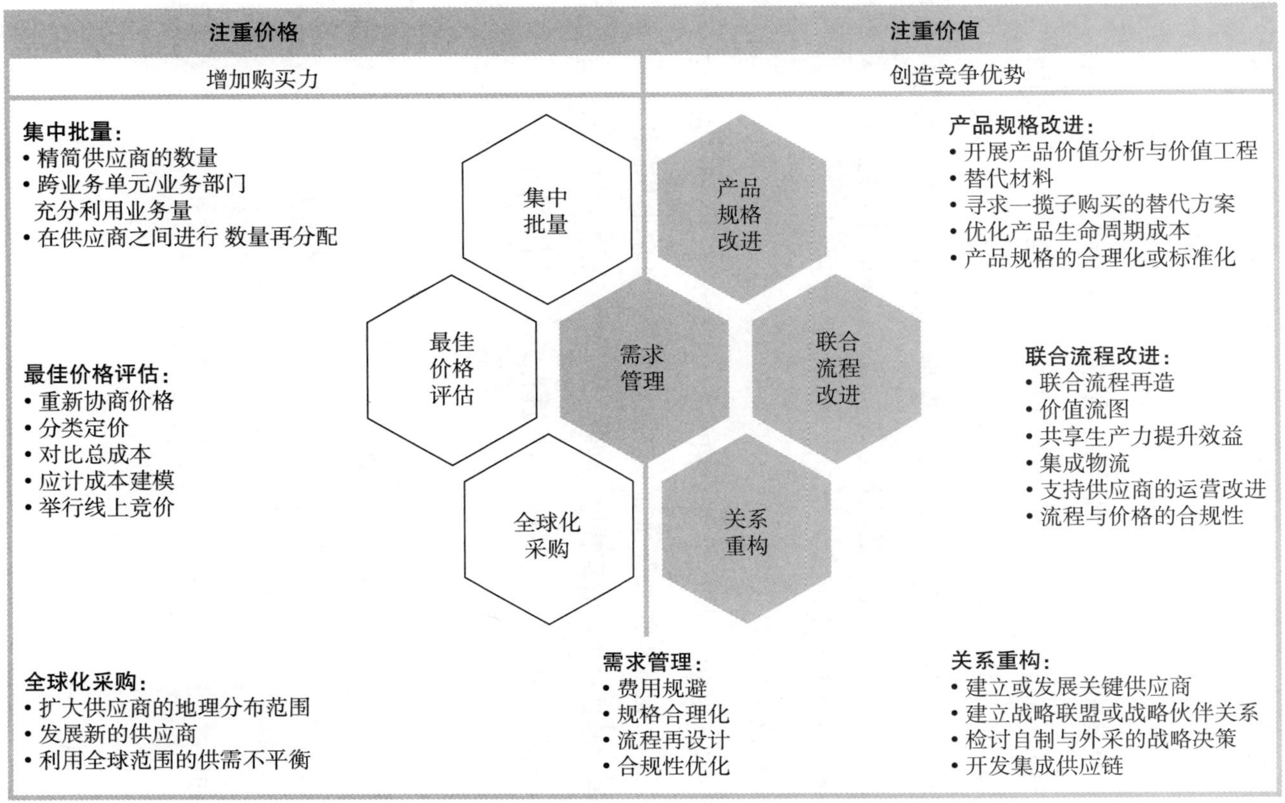
注重价格
注重价值
增加购买力
创造竞争优势
集中批量：
• 精简供应商的数量
• 跨业务单元/业务部门充分利用业务量
• 在供应商之间进行 数量再分配
最佳价格评估：
• 重新协商价格
• 分类定价
• 对比总成本
• 应计成本建模
• 举行线上竞价
全球化采购：
• 扩大供应商的地理分布范围
• 发展新的供应商
• 利用全球范围的供需不平衡
集中批量
最佳价格评估
全球化采购
需求管理
产品规格改进
联合流程改进
关系重构
需求管理：
• 费用规避
• 规格合理化
• 流程再设计
• 合规性优化
产品规格改进：
• 开展产品价值分析与价值工程
• 替代材料
• 寻求一揽子购买的替代方案
• 优化产品生命周期成本
• 产品规格的合理化或标准化
联合流程改进：
• 联合流程再造
• 价值流图
• 共享生产力提升效益
• 集成物流
• 支持供应商的运营改进
• 流程与价格的合规性
关系重构：
• 建立或发展关键供应商
• 建立战略联盟或战略伙伴关系
• 检讨自制与外采的战略决策
• 开发集成供应链

图 9.2　寻源策略

至少在短期内，区块链最大的优势将体现在那些注重价格的寻源策略上。区块链可以增强集中数量策略的可视性，并能够使该策略更加易于执行。然而，由于集中数量策略在很大程度上是以成本为中心的，而且热衷于在一个相对狭窄的价格区间里进行直接价格谈判，因此它可能无法最大化地展示区块链的优势。在价格谈判结束、采购团队转向下一个项目之前，采购团队在整个采购流程中可能根本没有足够的时间来建立和部署区块链应用。而在成本分析方面，区块链在部署后可以提供关于真实成本的数据，从而为构建成本模型提供更加精确的数据，为重新议价提供更好的洞察力。通过将智能合约应用于线上竞标，区块链还能提供更优质的自动化流程。区块链还承诺在实施全球化采购时为交易的追踪和可视性提供助力。

注重价值的策略从长期来看能从区块链中获益，但它们通常不是应用这项技术的最佳起点。例如，关系重构可以从更高水平的实时可视性与透明度中获益。区块链能够发现产品规格改进和联合流程改进的诸多机会。但是，区块链的初始试点应该有更稳健、更简单的目标。如果对涉及的所有人来说初始试点的体验都是良好的，你就可以进行更有挑战性的尝试了。

需求管理不经常被用到，而且有一定的特性。它更关注通过管理供应商需求来安排支出，而较少关注供应价格和供应商安排。一个很好的例子是，企业会制定差旅制度来管理商务舱和五星级酒店以外的所有差旅支出，而不是就每次酒店住宿的单日价格进行逐一协商。区块链可以通过创建更加实时的需求与消费的可视性协助贯彻该差旅制度，还可以在不需要与出差人员进行讨论的情况下帮助追踪该差旅制度的落实情况。

供应商细分

对采购管理者来说，能够通过区块链获益的另外一个领域是划分采购的产品及提供这些产品的供应商的方式。可以说，供应商细分最常用的工具来自曾经担任麦肯锡公司杜塞尔多夫办事处主任的彼得·卡拉杰克（Peter Kraljic）。在 1983 年发表于《哈佛商业评论》的一篇文章里，卡拉杰克使用两个关键变量对经销商进行了分类——收益影响和供应风险。收益影响代表了在采购中的相对战略重要性，而供应风险代表了市场的相对复杂性。这两个维度形成了卡拉杰克采购组合模型的基础—— 一个 2×2 矩阵，它进一步将产品划分为常规产品、瓶颈产品、杠杆产品和战略产品。这个模型广为人知，通常被称为卡拉杰克矩阵（见图 9.3）。

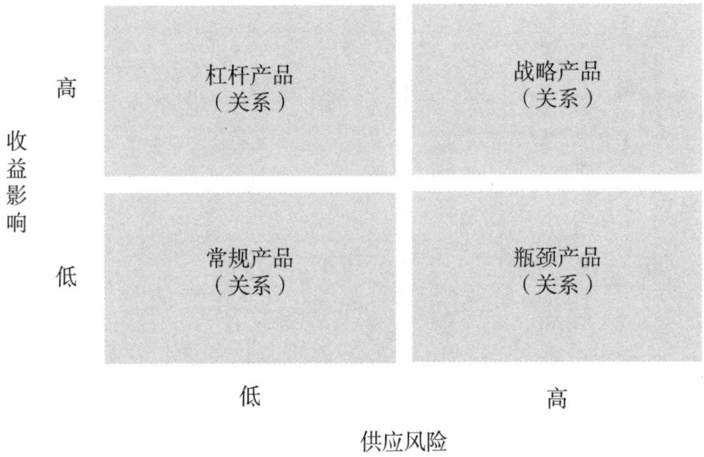

图 9.3　供应商分类

常规产品是低供应风险、低收益影响的，它们通常单位成本不高，而且可以从很多供应商那里获得。曲别针是一个常见的例子。该类别的投资价值如此之低，以至于企业没有太多的理由在其中测试区块链（也许可以利用其他的用例，通过将更多的流程自动化来减少工作量）。

瓶颈产品的收益影响较低，但对整个供应链来说供应风险较高。汽车上的保险杠可能只占总成本的很小一部分，但是缺少了它的汽车是不完整的。

区块链对瓶颈产品是有意义的，因为它能够增强可视性并对潜在的供应中断进行早期预警。

杠杆产品的成本占产品总成本的很大一部分，因此其价格的微小变化对产品的售价和盈利能力都有很大的影响。但杠杆产品可以从很多供应商那里获得，因此其转换成本很低。区块链为该类别提供了加快谈判进度的机会，它是开发以成本为中心的用例的合理领域。

在右上象限的是战略产品，也就是你只能从少数来源获得但对你来说非常重要的物品。对该类别来说，良好的合作伙伴关系是必不可少的。因此，在该类别进行的任何区块链测试都需要对涉及的所有关系保持敏感。任何区块链用例都需要为互惠互利的、拥有高度的利益共享和风险共担意愿的联合创新项目创造机会。如果一个测试用例的失败会破坏关系，它就是得不偿失的。

改善风险韧性

因为在一家企业的外部存在如此之多的风险，所以采购团队一直在不间断地估量如何避免他们的企业受困于那些意外的或无法控制的风险，这可能是一场袭击日本的海啸、一场导致苏伊士运河关闭的战争、一场导致某个重要港口停止运营的工人罢工，或者一场摧毁了整个加勒比地区一季农作物收成的飓风。

区块链无法阻止一场战争、一次劳资纠纷或一场自然灾害的发生，但它可以帮助采购团队更好地识别和监控风险，同时提供有助于降低这些风险所急需的大量数据。例如，一家汽车制造商的买家不仅会深入了解其供应商的情况，还会深入了解其供应商的供应商的情况。买家可能会发现，安装在某款车型的保险杠上的所有灯泡都来自同一家工厂，而该工厂所在国家的政治形势极度紧张。这会促使买家与供应商（汽车制造商）合作，以确保在需要时有其他的工厂能够供应灯泡。如果这行不通，那么买家可能会把自己的采购合同分配给多家供应商（汽车制造商）。

监测为实现可持续发展而付出的努力

随着对供应网络更加深入的了解，采购团队能够使供应商对产品的道德采购承担相应的责任，并能更快地与违反商定标准的供应商终止合作关系。

提供公平的买家—供应商竞争环境

供应链流程的透明度预计将成为谈判中的重要制衡因素。例如，你想要达成一份从我的企业采购笔记本电脑的 5 年期合同，并要求“5 000 台笔记本电脑量级的价格折扣”，我会在区块链上浏览你的采购历史，并确定你在此期间最终购买至少 5 000 台笔记本电脑的可能性到底有多高。因此，在战术层面，旧的操作方法可能需要做一些改变，因为买家不打算对供应商进行封锁，使他们对发生的事情一无所知。通过区块链，供应商能够看到曾经发生了什么及正在发生什么。

深化买家—供应商关系

大多数成功企业对采购的前两个领域——战略采购和订货周期，都有相当强的掌控力，但它们中的许多仍然在努力争取时间和正确的信息，以充分发挥它们在供应商关系管理中的作用。例如，目前仍然没有很多高质量技术可以辅助买家有效地创建和管理供应商记分卡。有了区块链上的更多信息及更便捷的访问方式，采购团队将能够更好地分析哪些流程对供应商有效、哪些流程对供应商无效，然后与供应商合作开展流程改进。

当然，这些承诺都需要花费时间才能实现，最大的障碍是在建立私有区块链网络的过程中在可视性与安全性之间达成适当的平衡。一方面，全面可视性对供应商来说就是一个交易杀手（如果它们的竞争对手也能访问定价、供应来源等专有信息）；另一方面，如果只有少数几个孤立的个体能够访问区块链上的信息，那么它与EDI等现有的解决方案相比，在功能上并没有什么过人之处。

再一次强调，没有任何捷径可以通向采购的那些关键环节。因此，即便是一个功能完备的区块链，也不是一根可以自行解决买家所有问题的魔杖。例如，一位采购人员的首要职责是了解企业的需求，如果他不去做这件事，区块链就是无足轻重的。而且，如果你没有理清战略采购和订货周期这两个环节，你就无法进行供应商关系管理。如果战略采购和订货周期没有运行良好的流程，那么区块链只能创建对混乱的可视性，而不是消除这些混乱。

区块链只有在它补充完善了现有流程的情况下，或者当它被用于买进物品时（无论是自行购买还是与供应网络里的合作伙伴一起购买），才能为买家提供帮助。因此，这再一次提醒我们，区块链是一项发展中的技术，仍需要一些时间来达到爆发点，以充分发挥其所有优势。

本章要点

- 技术有助于提供更好的可视性，以便企业了解花了多少钱，花在了什么上面，花在了谁身上，以及谁下了订单。
- 有了更好的可视性及自动化程度更高的系统，采购所能做出的业务贡献就不再局限于运营层面的采购订单处理、战术层面的价格折扣谈判及战略层面的首选供应商安排。

- 如果企业的所有支出数据和所有合同的概述都放在了区块链上，管理者就可以像使用搜索引擎那样轻松地浏览它们。
- 区块链可以通过智能合约对供应商进行资格预审，自动生成订单、自动支付和自动开具发票，自动执行逆向竞价，从而减少人工参与，加快订购流程。
- 战略采购涉及大量的分析和规划，因此在像区块链这样的共享的、不可更改的平台上收集数据能够获得利用可视性制订决策并加快决策流程的机会，以及签订合同的机会。
- 可视性还可以帮助管理者更快地发现并解决效率低下的问题，这可能会带来关于持续改进的讨论机会，这些讨论属于供应商关系管理的范畴。
- 区块链在部署后可以提供关于真实成本的数据，从而为构建成本模型提供更加精确的数据，为重新议价提供更好的洞察力。
- 区块链可以帮助采购团队更好地识别和监控风险，同时提供有助于降低这些风险所急需的大量数据。
- 随着对供应网络更加深入的了解，采购团队能够使供应商对产品的道德采购承担相应的责任，并能更快地与违反商定标准的供应商终止合作关系。
- 有了区块链上的更多信息及更便捷的访问方式，采购团队将能够更好地分析哪些流程对供应商有效、哪些流程对供应商无效，然后与供应商合作开展流程改进。

第 10 章

运输管理

根据阿肯色大学萨姆·沃尔顿商学院供应链管理研究中心 2017 年的统计数据，在美国，运输成本约占物流总成本的 2/3，也就是每年大约 8 947 亿美元。在作为世界第二大经济体的中国，运输成本约占物流总成本的 8.1%，也就是每年约 6 万亿元人民币。因此，在我们开发出类似于《星际迷航》(*Star Trek*) 里的超级传送技术来解决材料和货物的移动问题之前，运输仍然是供应链的基石。事实上，运输是所有经济的支柱，也是所有供应链的核心基础连接器。如果运输搞砸了，整个供应链就崩溃了。现在，让我们一起考虑一下企业在今天所面临的运输管理挑战。

- 在运输业，每天有 1 400 亿美元被卷入支付纠纷。对于一张普通发票，企业需要等待 42 天才能收到付款。许多企业都有上百万美元的资金滞留在应收账款中。
- 由于过度依赖纸质交易，业务处理和行政管理成本占运输总成本的比例已经高达 20%。托马斯·埃米尔·詹森 (Thomas Emil Jensen) 在 2015 年 (当时他在马士基工作，并在进行他的博士课题研究) 表示，移动一个航运集装箱的物理成本还不到处理相关信息的成本的一半。

- 对温度敏感的药物在运输过程中有 8.5% 遭遇过温度偏差。这些产品未通过海关检查，因为它们已经超出了可以接受的温度范围。这是一个重要的问题，因为几乎有 75% 的普通药物都需要在运输中控制温度，而仅仅 2℃的偏差就会毁掉这些产品。据估计，温度偏差使医药公司在小包装运输上平均每批损失 15 万美元。
- 90% 的卡车运输公司只有 6 辆或更少的卡车。这使整个行业忙于匹配托运人（需求方）和承运人（供应方），从而导致效率低下。例如，据估计，卡车司机平均每年要以空车或非满载的状态行驶约 466.7 亿千米。

这些挑战和其他挑战几十年来一直困扰着运输业，这就是为什么区块链承诺解决这些挑战会让如此多的供应链领导者兴奋不已。区块链可以在以下几个方面为运输业面临的挑战提供一些潜在的解决方案。

区块链承诺在以下几个方面为运输业提供解决方案：

- 货运追踪；
- 对承运人的“入职引导”；
- 货运公告板；
- 支付与定价；
- 欺诈和盗窃防范；
- 电子记录设备（Electronic Logging Device，ELD）；
- 运力、路线和调度优化；
- 绩效历史与车辆维护。

货运追踪

几十年来，运输企业一直使用GPS追踪货物运输，但是GPS本身并不能提供运输业所需的全部信息。过去，卡车运输公司曾使用电话和传真机进行车辆定位更新，也使用过EDI系统。现在，它们主要使用应用程序编程接口（Application Programming Interface，API），它是允许两个应用程序相互通信的中介型软件。然而，在为了适应当今快速变化的节奏而试图扩大应用规模时，这些技术遇到了挑战。这就是区块链的作用所在，它有可能带来实时更新所急需的处理规模。

区块链还可以提供可信的车辆定位更新。信息在供应链上传递时会有无数种可能被搞得一团糟（曲解、变更，甚至篡改等），而且是在不被托运人或货主所知晓的情况下。这种不精确的数据将导致全球供应链产生牛鞭效应。区块链可以通过可信、集成和共享的方式来简化这个信息传递流程，因为其分布式特质阻止了任何人变更或篡改这些数据。

对承运人的“入职引导”

所有运输管理者都明白，对承运人的“入职引导”是一项艰巨的任务。它包括验证承运人的司机的运输记录以确保他们的安全等级足够高，核实保险保障范围，评估司机是否满足服务水平要求。

托运人和货运经纪人会要求承运人提供这些信息，这些信息通常以纸质或某种电子化的方式呈现。当货运经纪人需要额外的运力时，即便找到了新的可用的承运人，他们也必须在分配货运量之前引导这些新的承运人走完“入职”流程。这听起来可能不算什么大事情，但你要知道在美国有50万家卡车运输公司。这就是为什么许多货运经纪人和托运人都有庞大的团队专门负责在“入职”流程中验证承运人和管理信息。而且，别的托运人和货运经纪人也在做同样的事情，因为这些数据并没有被共享。

区块链可能会解决这个挑战，因为它可以验证必要的“入职”信息，存储这些信息，并使其对所有人都可用。这些信息的共享将会提高整体效率，因为托运人、货运经纪人和承运人都会受到激励以向区块链提供信息。水涨不仅会让船高，卡车运输、火车运输及其他货物运输方式都会因此而获益。

货运公告板

区块链能够显著地提高人们对货运公告板中的数据的信任度，从而增强其有用性。这些数据已经存在40多年了。货运公告板是托运人、货运经纪人、承运人和其他物流企业用来按需寻找货物或卡车的货运交易板。然而，使用货运公告板的托运人和货运经纪人都是独立开展业务的，这导致货运公告板拥有海量的重复数据，并扭曲了它们对所需货运量的预测。因此，货运公告板中的数据很少被人们信任。

区块链可以给托运人的货运请求加上时间戳。在第一个货运经纪人发布货运请求后，该信息对随后尝试输入该货运请求的所有其他货运经纪人都可见。区块链会检查一个货运请求是否已经存在，并与最初的货运请求对比时间戳数据。如果一个货运经纪人尝试发布相同的货运请求，区块链就会识别这种重复，并通知后面这个货运经纪人。每个货运请求只有一条记录，而不是多条货运公告，这将显著地减少货运公告过时和不准确的情况。承运人和货运经纪人将可以不断清理已经更新的货运数据。

这也改善了预测的精度，并使多个承运人之间实现货运量平衡。而且，这可以显著减少承运人合规性所涉及的尽职调查，因为所有承运人的合规性和服务质量水平对所有人来说都是可见的。

支付与定价

安全可靠的区块链数据库使支付处理和结算信息易于访问。这将允许各方公开访问历史支付记录以确定费率。由于各方都共享了其数据库的访问权限，发票开具有望实现自动化。引入智能合约之后，一旦车辆驶入客户周边的地理围栏，开具发票的流程就会被触发，接着是自动出具交货证明，最后是车辆离开客户的地理围栏。尽管 RFID 或其他 IoT 设备能让这个过程达到理想状态，但考虑到多点数据验证，这个流程在没有它们的情况下也是更值得信赖的。账务核对的流程也会大大加快，因为所有人都能同时查看同一笔交易。

运输延误费用的支付也是一个长期困扰承运人的问题，区块链可能会使这个问题更容易处理。当司机在等候装车或卸货时，就会产生时间延误。当司机闲坐无事、不能累积运输里程时，承运人通常会向托运人收取费用来弥补损失。例如，司机等待 2 个小时大约能收到 100 美元。

然而，托运人强大的议价能力意味着以前承运人几乎无法收取这些费用。托运人常常将举证的责任丢给相比之下比较弱小的承运人一方，让其提供时间延误的证据。即便承运人有能力提供证据，托运人也可能会以证据不足为由驳回。货运经纪人的涉入使这个流程进一步复杂化，并且制造了更多的资料丢失或时间延误的情形，降低了承运人收到延误费用的可能性。

运输业近期出台的运力限制措施使权力的钟摆又摆回了承运人这边，但托运人支付的延误费用仍然少之又少。区块链与 ELD 相结合，使承运人能够通过 GPS 记录司机的位置。这将有助于支持承运人的说法——司机在苦坐着等待托运人，从而增加延误费用被支付的可能性。

欺诈和盗窃防范

区块链交易对网络上的所有人都高度可见，而且不能被更改，差不多消除了欺诈。区块链还能存储身份证照片及取送货规则等信息，因而形成了强大的防盗威慑力。马士基与IBM通力合作，使用区块链来简化其全球航运流程，如替换传统的提货单、与海关当局联合等。该流程可以使犯罪团伙更加难以截获运输途中的集装箱。

电子记录设备

美国政府自2017年12月起开始要求卡车司机使用ELD，以追踪他们的驾驶时间。这项规定的目的是让司机遵守关于驾驶时间的规定。由于司机是按行驶里程获取报酬的，ELD的强制规定自然会导致他们的收入减少。然而，只要将这些ELD与区块链结合，就能为司机、承运人和托运人带来很多机会。

来自这些IoT设备的数据会流入区块链，在结合了交通或天气数据之后，实时的线路重新规划就变得可行了。在很多情况下，强制休息时间迫使司机在并不理想的时间点停车，破坏了行车时间表和行车路线，从而导致他们错过后续的运输工作，错失获得收入的机会。区块链能够实现路线优化和调度优化，司机的强制休息时间可以被调整到装卸货物时。这使司机可以更有效率地利用他们的获准驾驶时间——在被允许的情况下行驶更多的里程，从而获得更多的报酬。

运能、路线和调度优化

交易及与之相关的运输路线决策过程（涉及从多家承运商中进行选择）

将会被记录在区块链上。因此，承运人、货运经纪人和托运人通过区块链可以访问并获取海量的、可供分析的精确数据。各方可以分析历史数据以做出更加精确的需求预测，并为改善以后的运力计划、线路规划和运输调度创造机会。

区块链能够促进各方之间的数据和信息共享，因此在运力计划、线路规划和运输调度的决策管理方面打开了智能决策的大门。由于区块链拥有如此丰富的属性数据（如运输方式、承运人、定价、运输路线等），用于优化多式联运的静态和动态算法也许最终会成为可能。与 ELD 一样，透明地传输信息的能力将会为运力监控提供很大的帮助。由于运力每天都在变化，区块链可以让参与者实时观察并协同处理运力需求调节。基于区块链的高效运输物流既能专注于通过改善运输线路规划来缩短运输距离、提高车辆运载率、减少空车行驶，也能聚焦于缩短前置时间和减少库存，这将带来运输成本的节约。区块链收集到的数据及因区块链而能被利用起来的数据可以促进财务方面的节约，这是更加合理的运载组合和更高的负载量及更好的运输线路选择和多种运输方式所提供的独特优势等多个方面共同作用的结果。

绩效历史与车辆维护

根据 TMW Systems 公司的数据，车辆维护成本在过去 5 年里增长了 50%，这项成本中的 20% 与车辆故障和计划外服务事项有关。通过将所有相关的业务指标添加到区块链上，所有参与者都能够看到以往的绩效证明，既有关于个人的（如汽车司机、驳船船长），也有关于企业和设备的。区块链可以包含与车辆维护相关的所有数据。并不是只有一个人可以访问这些记录，任何获得授权的用户都能访问它们。

汤姆·克罗茨维克（Tom Kroswek）是莱德系统公司（Ryder System）供

应链管理部门总监，他曾在博客中解释了如何借助区块链进行卡车维护。

想一想像司机车辆状况报告（Driver Vehicle Condition Report，DVCR）这样简单的东西，司机在一段行程完成前后需要填写该报告。目前，这是一项非常繁重的文书作业，其作用是将运输设备的状况传达给运营、安全和维护等部门。如果能够使该流程自动化并将其整合到区块链中，所有的检测和维护信息就能伴随着这台设备在其生命周期中流转。车辆检验、性能维护记录和召回信息等都会是这个区块链的一部分，它最终简化了资产管理和资产利用工作。

区块链可以提供关于卡车整车、零件及维修保养服务的毫无争议的历史记录，此类信息能够增加车辆的转售价值。它还可以协助承运人和司机进行维护更新，如追踪和维护车辆零件。此外，区块链可以改善预测零部件何时可能出现故障的能力。雷纳尔多·阿德勒（Renaldo Adler）是 TMW Systems 公司的执行董事，负责资产维护、车队和服务中心管理。他说："仅仅是避免了 35% 的计划外维修的发生，就能为车队在硬性支出上节约成千上万美元。"将车辆维护服务数据和技术人员数据记录到区块链上，可以使汽车制造商和零件制造商看到可供分析的零件维修及故障数据。人们可以使用历史趋势分析法对零部件进行故障预测，并且主动在零部件失效之前将其更换。

本章要点

- 区块链可以提供可信的车辆定位更新，减少由曲解、变更、篡改及其他错误产生的不精确数据，而这种不精确的数据将导致全球供应链产生牛鞭效应。

- 区块链可以验证司机的“入职”信息，存储这些信息，并使其对托运人、货运经纪人和承运人都可用。
- 区块链可以通过识别重复发布的信息并通知发布这个重复信息的货运经纪人来实现货运公告板数据质量的显著改善。
- 区块链使承运人能够通过全球定位系统来记录司机的位置。这将有助于支持承运人的说法——司机在苦坐着等待托运人，从而增加延误费用被支付的可能性。
- 来自电子记录设备的数据会流入区块链，在结合了交通或天气数据之后，实时的线路重新规划就变得可行了。
- 由于区块链拥有丰富的属性数据（如运输方式、承运人、定价、运输路线等），用于优化多式联运的静态和动态算法也许最终会成为可能。
- 区块链可以包含与车辆维护相关的所有数据。并不是只有一个人可以访问这些记录，任何获得授权的用户都能访问它们。

INTEGRATING BLOCKCHAIN INTO SUPPLY CHAIN MANAGEMENT
A toolkit for practical implementation

第三部分

什么是区块链用例

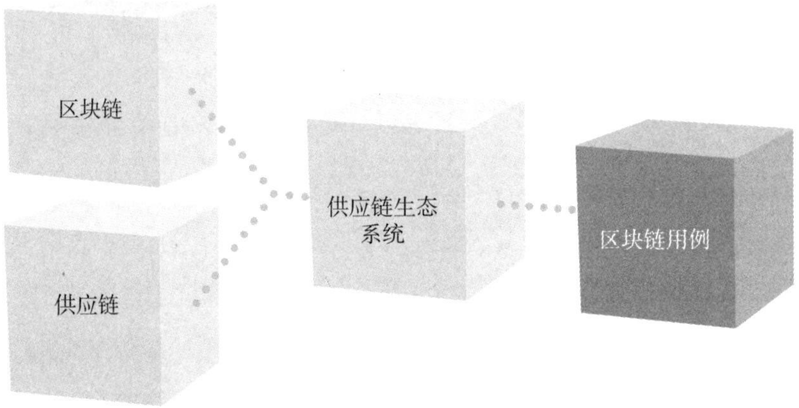
区块链
供应链
供应链生态
系统
区块链用例

第 11 章

从 RFID 技术中学习

哲学家乔治·桑塔亚纳（George Santayana）有一句名言——“那些忘记过去的人注定会重蹈覆辙”，这句话被人们广为称赞。而多年来，“记住”这个词常常被“从……中学习”所替代。毕竟，仅仅记住过去是不够的；如果你想要延续以前的成功并避免重蹈覆辙，那么你最好从过去汲取教训。

在我们将讨论转向区块链的部署时，我们首先要认清一个事实：我们以前就进行过类似的讨论，而且未来我们很有可能再次讨论。那么，回顾以前那些被引入供应链管理的各种技术，我们能从中学到哪些关于区块链部署的经验呢？

区块链正处在与 RFID 在 2003 年左右时相似的境地（出现了众多面向供应链领导者的大肆炒作和夸张的承诺，但在部署方面却鲜有成效），因此我们花了一些时间分析从 RFID 的部署过程中得到的教训。当你考虑在自己的供应网络中部署区块链时，这样的对比可以启发你对区块链部署框架的思考。

我们查看了采纳 RFID 的内外部驱动因素、采纳 RFID 的壁垒、RFID 的实施路径和部署 RFID 好处，然后将之与我们从区块链在供应链中的早期用例研究中得到的经验教训进行比较。

当然，RFID 和区块链之间有一些重要的区别。首先，区块链试点看起来主要由企业高层的兴趣及其他的内部因素所驱动，而 RFID 试点则主要由诸如消费者的需要（或需求）之类的外部因素所驱动。尽管区块链用例可能以创造新的消费者价值为中心，但它们通常不是由消费者的命令或要求所驱动的。相反，它们是由所有潜在参与者的内在目标（提高供应链的效率、获取市场份额、得到消费者信任等种种渴望）所驱动的。

此外，区块链试点的收益均衡性更好，成本方面的考量也没有那么重要。不同于 RFID，部署区块链不需要购买硬件，对基础设施的要求也更少。这意味着，不仅不需要为这些要求预留预算，也不需要为设备的安装和调试预留时间。

总而言之，区块链试点的预热很快，而且由较明确的利益诉求所驱动。实际上，这也是那些我们所研究过的企业给出的建议：聚焦于具体的目标，防止范围蔓延。部署 RFID 时，企业往往力争得到所有的潜在好处。而目前，大多数区块链试点仅仅展现了少量的好处，有望在以后增添其他的好处。

我们的分析中可能最值得注意的是，除了几个重要的特例，我们在区块链的那些早期测试案例中所看到的流程与 RFID 的部署流程非常相似。佩德罗·雷耶斯（Pedro Reyes）和帕特里克·贾斯卡（Patrick Jaska）在 2007 年创建了一个描述 RFID 部署流程的框架（见表 11.1）。

表 11.1　RFID 部署框架

步骤	内容	相关人员
步骤 1：了解 RFID 的能力和不足	摆脱迷思	将要使用 RFID 系统的关键人员，IT 人员
步骤 2：分析现在的系统	分析当前系统的流程及产出	使用当前系统的关键人员，IT 人员，管理人员

（续表）

步骤	内容	相关人员
步骤 3：创建一个用于评估投资回报率的商业案例	分析使用 RFID 所能获得的潜在收益	使用当前系统的关键人员，IT 人员，高级管理人员
步骤 4：需求分析	分析需求及如何实施 RFID	使用当前系统且预计将要使用 RFID 系统的关键人员，IT 人员，管理人员
步骤 5：原型测试	测试之前提出的 RFID 系统	将要使用 RFID 系统的关键人员，IT 人员
步骤 6：部署	部署 RFID 系统	所有使用 RFID 系统的人员，IT 人员
步骤 7：监控	确保 RFID 系统符合预期	关键的 IT 人员，管理人员
步骤 8：持续改进	寻求流程和技术上的改进	管理人员，IT 人员，使用 RFID 系统的关键人员

当我们查看我们研究过的企业如何逐步部署区块链时，我们发现可以将它们使用的方法与 RFID 部署框架重叠起来。RFID 部署框架虽然没有反映区块链常见的部署特点，但只要稍加调整就能很容易地投入应用。

表 11.2 显示了通过调整 RFID 部署框架所得到的区块链部署框架。

表 11.2　区块链部署框架

步骤	内容	相关人员
步骤 1：了解区块链技术的能力和不足	开发区块链的用例	管理人员，IT 人员
步骤 2：分析当前的系统	与供应链合作伙伴一起开研讨会，以规划用例	使用现有系统的关键人员，IT 人员，各个供应链利益相关方的管理人员，外部咨询人员（可选）
步骤 3：创建一个用于评估投资回报率的商业案例	明确需要实现的回报，但一个全面的商业案例对试点项目来说不是必需的	供应链利益相关方的管理人员和 IT 人员，高级管理人员，外部咨询人员（可选）
步骤 4：需求分析和试点范围确定	分析需求及如何实施试点项目；调动积极参与、行动迅速的利益相关者，围绕可达成的目标确定试点范围	使用当前系统且预计将要使用新系统的关键人员，包括客户服务、运营、销售和 IT 等人员

（续表）

步骤	内容	相关人员
步骤 5：原型测试	迭代式原型的构建、测试、调整、重新测试，快速学习循环	使用当前系统且预计将要使用新系统的关键人员，包括客户服务、运营、销售和 IT 等人员
步骤 6：部署	在规模化以前，第 2 阶段的试点可能是必要的；而且，能够基于第一阶段试点的成效开发一个更加详细的商业案例	使用当前系统且预计将要使用新系统的关键人员，包括客户服务、运营、销售和 IT 等人员
步骤 7：监控	很少有企业能到达这个步骤	待定
步骤 8：持续改进	很少有企业能到达这个步骤	待定

大多数企业部署 RFID 的方式与我们所研究的那些早期使用者部署区块链的方式之间的差距在某些方面比较明显，在其他方面则比较细微。以下是两者差别最明显的几点。

区块链涉及更多的人员

无论是企业内部还是整个供应链，区块链都涉及广泛的网络参与者。因此，一个有意义的区块链项目必须包括关键的供应链利益相关者和渠道成员。此外，外部顾问通常也很有帮助。在某些情况下，他们在提供行业或区块链专业知识和经验方面是不可或缺的。

我们研究的案例通常都从少数几个关键的管理人员开始，但在开发实际用例时通常涉及至少十几个参与者，常常多达 30 个。在多数情况下，外部专家（或团队）对举办识别和规划最佳用例的研讨会具有促进作用。

区块链不止于IT

使用区块链系统的关键人员比使用 RFID 系统的关键人员更多。尽管 IT

部门会全程参与这两项技术的部署，但那些参与区块链试点的 IT 人员强调，它“不是一个 IT 项目，而是一个商业项目”。关键业务利益相关者的参与及发现真正的商业价值对区块链的采纳来说至关重要。

区块链很快就具体化了

关注区块链的企业在建立对区块链能做什么和不能做什么的理解时（步骤 1），不仅要建立对区块链的技术理解，还要考虑开发供应链范畴下的具体的区块链用例。这些用例考虑了涉及的利益相关者及潜在试点的初始规划，也启示了在下一步部署过程中需要邀请哪些供应链利益相关者参与进来。

区块链需要协同规划

对探索区块链应用的企业来说，步骤 2 通常包括举办一场目标明确的研讨会，利益相关者聚集在一起，共同筹划当前和未来的状态。这些将使目标明确的协作和试点的短期运行成为现实。

区块链不仅仅是一个商业案例

对我们研究过的那些企业来说，开发一个商业案例（步骤 3）并不是首要任务。它们带着清晰的利益和目标来引导这个项目，但在开发一个成熟的商业案例方面几乎没有付出任何努力。相反，它们的初始目标是在一个真实的环境中测试这项技术。团队要求支持和资助一个试点项目，以开始更多地了解区块链的潜力。这对区块链来说是可能的，因为试点项目的投资成本相对较低，特别是当利益相关者共担成本及外部顾问的专业知识可以对这一流程有所促进时。

区块链的部署要求划定了项目范围

了解部署要求（步骤 4）在很大程度上变成了一个界定区块链试点项目范围的问题。问题的关键在于保持试点项目聚焦，避免出现范围蔓延及冗长的、以技术为中心的开发周期。一个紧凑的、具体的试点范围提供了快速学习的机会。这也需要一个比规划用例时更加精干的项目团队。

区块链要求我们从测试中学习

我们研究过的企业正在通过区块链试点项目（步骤 5）更多地了解区块链及其实际优势。试点项目不是迈向部署的一步，而是向着如何抉择下一步而迈出的一步。试点项目的结果或许能够排除区块链仅仅是一个可行选择的想法，确认它是最佳选择，或许也能表明试点项目需要在调整范围后做进一步的测试（步骤 6）。在某些情况下，这可能会要求我们制订一个更加详细的商业计划。

它仍然充满了未知

你可能已经注意到了步骤 7 和步骤 8 中“相关人员”一列中所写的“待定”。这是因为，无论规模如何，很少有企业能把区块链带到这样的极致境地。

通过比较 RFID 的过往与区块链的现在，我们还学到了另外一个重要的经验教训：竞争力至关重要，但它并没有在这些部署框架中体现出来。显而易见，技术竞争力对任何商业项目来说都很重要，特别是涉及技术的项目。

但是，我们也发现，重要的是要做到极致，而不仅仅是说得过去；而且，软技能也是竞争力。一些领导者认为，有了企业高层的支持，团队的积极性就不再是问题了。但是，其他领导者强调不仅要找到实干家和梦想家的正确组合，而且这些人还都要拥有高情商。

总而言之，在供应网络中开展区块链试点项目需要管理层的参与，以及一个准备就绪的负责规划和执行这个项目的团队。一个成熟的商业案例并不是必要的，尽管在某些情况下它会很有帮助。而且，在试点阶段，我们几乎不需要制定技术推广策略或路线图。

这是我们在更加深入地探究在你的供应网络的区块链项目中确定一个用例、运行一个试点时你需要知道和实际去做的事情时，将会进行详细讨论的一些观点。因此，接下来的 4 章将会详细地介绍这些能够引导你完成这段旅程的基本步骤，包括制作案例、组建团队、启动试点和进入学习循环。

本章要点

- 回顾以前那些被引入供应链管理的各种技术，我们能从中学到关于区块链部署的经验。
- 区块链试点看起来主要由企业高层的兴趣及其他的内部因素所驱动，而 RFID 试点则主要由诸如消费者的需要（或需求）之类的外部因素所驱动。
- 区块链用例可能以创造新的消费者价值为中心，但它们通常不是由消费者的命令或要求所驱动的。相反，它们是由所有潜在参与者的内在目标（提高供应链的效率、获取市场份额、得到消费者信任等种种渴望）所驱动的。

- 区块链试点的收益均衡性比 RFID 更好，成本方面的考量也没那么重要。不同于 RFID，部署区块链不需要购买硬件，对基础设施的要求更少，也不需要为设备的安装和调试预留时间。
- 区块链试点的预热一般很快，而且由较明确的利益诉求所驱动，参与者需要聚焦于具体的目标，并且防止范围蔓延。
- 在供应网络中开展区块链试点项目需要管理层的参与，以及一个准备就绪的负责规划和执行这个项目的团队。
- 一个成熟的商业案例并不是必要的，尽管在某些情况下它会很有帮助。
- 在试点阶段，几乎不需要制定技术推广策略或路线图。

第12章

开发用例

针对区块链相关试验做出决策并不容易，但它们都有一个共同的起点。这也是领导者在决定是否拥抱任何一项新兴技术时都应该使用的共同起点。扬纳斯告诫大家，不要去追逐新奇的事物。他告诉我们："如果你追逐新奇的事物，那么你注定会失败。"

讽刺的是，为了使加密数字货币切实可行而被开发出来的区块链就是这个话题中的新奇事物，而且它对供应链领导者做出了神秘且诱人的承诺。但是，如果这些承诺没有被经常性地证实，而且参与者也没有怀着崇高的目标去追求它们，那么它们可能会把一个正常的斯麦戈（Sméagol）变成一个迷失的咕噜（Gollum）。

斯蒂尔曼告诉我们："当你开始研究区块链时，你会掉进加密数字货币的无底洞里。人们会完全迷失，因为那里有太多种数字货币了，但很多都是骗局。企业宣称'我们将要奇迹般地做到这些事情'。但是，这只是个'雾件'（Vaporware，即只见宣传不见实物的产品或技术），里面没有太多实质性的内容，只是一些想法而已。现在，企业正在进行大量的试错。"

因此，与其因为炒作而迷上区块链并将其强加于你的企业，不如研究一下你的企业需要应对的那些挑战，并确定区块链是否以某种形式或方式代表了一种比其他备选解决方案更好的、潜在可行的、可扩展的解决方案。

区块链应用的商业案例

扬纳斯在谈及沃尔玛的做法时说："我们不是在追求区块链本身，我们想要做的是解决那些业务挑战。而且，区块链看起来只是一项技术，它将使我们能够解决供应链中的一些挑战……因此，我的建议是不要痴迷于区块链。但是，如果你有一个使用区块链解决了问题的商业案例，那么请你进一步开发那个商业案例。"

对扬纳斯来说，那样的商业案例涉及杧果、木瓜、袋装生菜，以及其他所有从世界各地的农场运到沃尔玛商店的货架和箱子中的新鲜食物。当判断一种食源性疾病的源头时，区块链能够更快地追溯到一袋生菜的原产农场，还能节约成本、挽救生命。

食源性疾病对大众和经济的影响再怎么强调都不为过。根据美国疾病控制与预防中心（Centers for Disease Control and Prevention，CDC）于 2015 年发布的报告《可以获胜的战役》（*Winnable Battles*），每年有 1/6 的美国人因为食品或饮料污染而生病，而且其连锁反应令人吃惊。例如，一位受感染的消费者也许会休养几天，使其雇主损失生产力和金钱。将平均休养时间乘以所有休养的人数，再乘以所有相关的成本，你会发现这是一个很大的数字。事实上，每年有超过 150 亿美元用于支付就诊、住院治疗等相关的医疗费用，每年还有约 3 000 例的死亡病例。沙门氏菌是食源性疾病最常见的致病源，每年导致 3.65 亿美元的直接医疗费用支出。

食源性疾病

- 每年有 1/6 的美国人因食品或饮料污染而生病。
- 食源性疾病引起的就诊、住院治疗及死亡等相关医疗费用超过 150 亿美元。
- 沙门氏菌是食源性疾病最常见的致病源，每年导致 3.65 亿美元的直接医疗费用支出。
- 美国 CDC 估计，每年仅防止一例大肠杆菌（E. Coil）O157 致死病例，就可以减少 700 万美元的经济损失。

美国政府和涉事企业会花费大量的时间和金钱去调查每一场突发疫情，而且供应链中的每一家企业都将受到经济影响，从田地里的劳动者到加工商、运输服务提供商，再到商店收银员。而且，这种经济影响的累积速度很快。例如，美国 CDC 估计，每年仅防止一例大肠杆菌 O157 致死病例就可以减少 700 万美元的经济损失。

这只是美国的数据。在全球经济中，供应网络拥有复杂的生态系统，其风险是巨大的。

无怪乎对扬纳斯这样的行业领导者来说，改善可追溯性具有如此高的优先级。

今天的食品供应从总体上来说是安全的，但是仍然存在食源性疾病的相关问题。每当发生重大的食品恐慌时，我们面临的问题是确实很难追踪食品来源。食品系统非常复杂，你无法绘制食品系统的供应链地图，因为它一直在变化，是动态的。我们相信，区块链将使我们能够做到一些可能会使食品供应链更加安全的事情。美国的食源性疾病发生量减少 1%，相当于节约 7

亿美元，这意义重大。因此，任何能够帮助你减少食源性疾病的工具都拥有巨大的社会影响。

美国 CDC 指出，2018 年春季的数十种疾病和至少 5 例死亡病例与受到大肠杆菌污染的萝蔓生菜（Romaine Lettuce）有关。这促使沃尔玛在当年的晚些时候宣布，其菠菜和生菜供应商将会被要求参与一个有助于改善可追溯性的区块链项目。

扬纳斯说，多年来他一直在追求可追溯性的“圣杯”，而区块链提供了一种可能的解决方案。其他人会说，沃尔玛使用的解决方案并不需要区块链，它全部是由数据库技术完成的，无须在区块链上运行，但那并不是重点。即使它可以不使用区块链，但事实是直到区块链出现以后，它才得以实现。将区块链作为一种商业解决方案的追求实际上促进了关键商业解决方案的开发和实施。无论这个解决方案是建立在这项技术之上的，或者只是炒作驱动的投资结果，都有可能为企业节约资金，挽救消费者的生命。

扬纳斯并不认为区块链是他追寻的答案，因为他发现区块链既复杂又难懂。但是，在沃尔玛技术部门的鼓励下，他坚持了下来，并开始探索使用区块链解决企业问题的潜力。

我越深入其中，就越了解其基本原理，我对它的信念就愈发坚定。我鼓励每一位对它感兴趣的人或正在从事相关工作的人士成为多面手。你需要了解这些。你不必知道如何编程实现它或如何编写哈希算法，或者诸如此类的事情，但你一定要了解区块链的基本概念和功能。一旦你了解了这些，你就会知道它将如何为你正在从事的事业带来价值。让企业来主导，让技术来赋能。虽然技术很重要，但这是在解决商业问题。

区块链的商业案例可能会扩展到食品安全与可追溯性之外的领域。例如，行业资深人士比尔·威尔森（Bill Wilson）是可口可乐公司供应链优化全球主管，他主要对使用区块链提高可口可乐公司送货到店效率的方式感兴趣。他在2018年初的一次访谈中告诉我们："我从没有自称为专家，我对区块链感兴趣是因为我相信，基于我所听到的说法，它将帮助我应对日常运营中的一些挑战。"

将送货过程中涉及的登记流程和相关文件数字化，有可能为他的公司及其零售客户节约时间和成本。例如，在巴西单次送货到店需要4个多小时。即使在美国，库存核验流程也通常是由人工完成的，费时费力。威尔森说："供应商和零售商之间存在这种巨大的不信任，导致我们在送货流程中浪费了时间。因此，如果我们实现了那种虚拟握手，那么我认为它对我们来说是一种提高效率的方式。"

像其他无数家企业的领导者一样，威尔森一直在寻找关于是否及如何开发利用区块链的见解。幸运的是，现在已经有足够多的企业在这条路上进行过探险，以至于其他企业能够看到最常用的路径，或许还可以避开沿途的坑坑洼洼。

在商业案例之前

要想评估区块链对你的企业的价值，你首先需要围绕一个具体的商业问题开发一个特定的用例，运行一个试点来测试其可行性，然后根据试点结果创建一个切合实际的、正式的商业案例。

鉴于区块链可以作为潜在的解决方案，该用例应当识别出一个商业问题。它应当包括预算和明确的试点目标，但它不需要由一个经过充分开发的商业案例来驱动。相反，在创建用例的过程中人们提出的问题及其答案和试点结果将有助于创建一个稳健的商业案例（或消除对商业案例的需求）。

然而，从我们对那些参与区块链试点的企业的研究中，我们听到的最有趣的一个见解是“学习区块链”通常被视为一个用例的合理目标。一些咨询顾问合理地建议，你首先要定义你试图解决的具体的商业问题，然后看它是否已经能够被现有的技术所解决。如果是，你就不需要区块链了，也不需要进行下一步了。这个初始问题肯定会排除一些潜在的用例。而一些企业正在研究区块链的各种承诺，然后找出一个它也许能够解决的商业问题，尽管它们知道现有的技术能够解决这个问题或已经在解决了。有人说，这样做的意义在于在真实的环境中测试区块链，看看它是否可以运行及如何运行，这样他们随后就能将它用于应对更复杂的挑战。IBM 的格尔森说：

“我主要在那些我认为是市场创新领导者的企业里看到过这种情况。它们不必一定是技术创新的领导者，也不一定是市场中数一数二的大企业，但它们是愿意在商业模式方面进行创新的企业，虽然有过失败的经历，但坦然接受……这样的企业才愿意去创新。它们会说‘好吧，所有人都在尝试区块链。那么，区块链到底是什么？我们组成 4~5 个不同的业务小组，确定 5 个不同的商业用例，然后看看能够从中学到些什么吧’。”

其他企业表示，它们重视创新，但只会在失败风险较低时追求创新。

格尔森告诉我们：“我曾经和不能容忍失败的客户打过交道，他们热爱创新，但是如果他们付钱让你去构建一个最小可行产品，那么它最好可行，这可不是一个有利于创新的环境。”当然，从中得到的教训是，你要了解你所在的企业的文化，并选择正确方式创建用例。

即使是创新型文化也在追求商业价值，而不是虚无缥缈的东西。在我们遇到的所有这类例子中，企业都会希望区块链至少可以提供一个比现有方案更好的选择。而且，如果一切进展顺利，企业还希望它能实现规模化。在一些情况下，这些希望破灭了，但是在其他情况下它实现了，或者至少在经历了初步测试之后仍然留存。这些企业从这个学习过程中看到了价值，尽管这证实了区块链不是它们尝试解决的问题的可行方案。如果它们从试点中得到的是对区块链的运行（实践上的，而非理论上的）有了更加深入的了解，它们就会说这是值得投资的。

重点在于，区块链试点的投资回报可能并不是一种直接的、明显的形式。例如，区块链试点能给你带来关于你的企业和供应网络的特定知识，这对以后的区块链应用将会很有帮助。从这个意义来说，它为当出现一个非常有利可图的机会时充分利用该机会做好了准备。

区块链也可能会成为一种重要的商业情报工具，用来获取你所知甚少的供应网络角落的情况。它可以成为给你和那些角落之间带来可视性、标准化、透明化的催化剂，从而帮助你提高整个供应网络的透明度和效率。例如，生疏的合作伙伴可能仍然依赖于纸质记录，或者它们根本不想投资于这样一个复杂的数据库共享技术。而恰当的区块链试点有助于彻底改变你和生疏的合作伙伴之间共享和交换信息的方式、它们交换的信息，以及它们愿意与你交换的信息。重新改写你和生疏的合作伙伴之间的交流规则，可能会极大地影响效率和盈利能力等方面。

区块链试点通常不存在对基础设施进行巨额投资或增加时间投入之类可能增加风险的要求。因此，大型企业往往愿意承担全部或大部分成本，因为它们知道自己需要小型企业参与进来。否则，这些小型企业可能会因为财务原因或其企业文化对风险容忍度较低而不愿意参与进来。这一切都为区块链相关试验提供了肥沃的土壤。

这些用例看起来各不相同，取决于每家企业的组织结构和目标，但以下是每家企业都需要考虑的基本标准。

它应该获得高层的支持

一支在企业里面游手好闲的团队可能会运行一个成功的区块链试点，只要每个相关人员都能够带着热情和承诺参与进来。但是，即使在这种情况下，缺少高层的支持也会不可避免地造成阻力，延缓甚至打乱试点进程。此外，被高层看好可以确保这个项目得到恰当的资助，参与者将获得他们所需的时间和资源，从而获得最佳的成功机会。

凯勒将“恰当的资助”称为区块链试点的“首要维度”。而且，我们也找不出没有得到高层支持的成功的试点。

马士基首席执行官施索仁（Søren Skou）、堪萨斯南方铁路公司总裁帕特里克·奥滕斯迈耶（Patrick Ottensmeyer）、沃尔玛首席执行官董明伦（Doug McMillon）是那些公开地、积极地支持区块链试点项目的高层中的代表人物。

它应该是简单的

欧洲的一家快消品公司开发了一个项目，包含了该公司所能找到的最简单的供应网络 —— 美国的一个农场主、物流服务提供商和欧洲的一家工厂。该公司的想法是找到一个可以快速开发和部署区块链的机会。

如果区块链不能够在更小、更简单的供应网络中运行，它就不可能实现规模化。另外，如果项目集中于简单、明确的目标，范围蔓延之类的问题就更容易被解决。这类问题已经在 RFID 等技术的部署中被证明是代价高昂的。

它应该能够完善已有的旧系统

区块链可能最终会取代旧的系统和技术，但那并不是试点的目标。区块链用例应该探究的是现有的技术是否及如何为区块链试点提供输入，而不是取代现有的技术。区块链需要数据，而很多现有的技术在收集和提供数据方面表现良好。如果条形码、EDI、RFID、IoT 等技术能提供准确的相关信息，那么所有这些技术都将是区块链试点项目的有益补充。

它应该有区块链能够实现的、清晰的商业目标

即使你只想测试一下区块链，看看它能否及如何运行，你也会想要在一个可能会增加客户价值（企业价值）的项目上去做这件事情。这种价值可能有多种不同的表现形式，从提高效率以降低产品价格或服务成本，到为那些注重健康或环保的消费者提供追踪与追溯服务以使产品更受欢迎。而你的最终目标是改善企业的盈利能力，增加企业的市场份额。

马士基对区块链的最初兴趣来自托马斯·埃米尔·詹森的研究，他当时想更好地了解延缓跨境贸易的文书作业和流程。他发现来自非洲的牛油果和鲜花集装箱在启程运往欧洲之前，必须经过大约 30 个公共和私营部门的人员和组织。各方之间有超过 200 次各不相同的互动，但信息从来没有在个人或团体之间广泛地共享，而且可用的信息往往是错误的或缺失的。

詹森在 2015 年对马士基的博客作家约翰·丘吉尔（John Churchill）说："贸易的物理基础设施实际上已经相当高效，但是信息基础设施一团糟。"那时詹森所谈论的并不是区块链，而是所谓的"航运信息管道"（Shipping Information Pipeline），但马士基最终还是将从肯尼亚运来的鲜花作为其最初的区块链试点项目。

在一家跨国消费品公司里，一位企业架构师兼数字化经理在 2016 年通过撰写一些技术趋势报告，引发了一些对区块链的展示，从而推动了区块链的发展。在引起高层的关注之后，他开始与有兴趣进行区块链试点的不同部门的领导者会谈。他的隐藏意图是获得一些资金支持，以便公司能够启动区块链试点。他告诉我们："这不是为了证明它能行得通，而只是为了试验和学习。"

来自不同部门的所有领导者很快向他提出了相同的问题："你能告诉我更多吗？我们如何启动一个试点？"他告诉我们："这项技术在寻找有待解决的问题，而不是反过来。"

截至 2018 年 6 月，该公司拥有五个处于不同开发阶段的试点项目，其中三个涉及供应链管理、一个属于财务金融领域、一个涉及保险，此外还有一份待选项目清单。与采购负责人一对一的会面促成了一个用例，带来了第一个区块链试点。与会的两位领导者很快将区块链视为一种用来获取和分享农户在生产用于制作公司招牌产品的特定农作物时的能耗数据的可能方式，这很好地契合了公司内部的可持续发展计划。

"如果我们能够比较我们的农产品供应商的碳足迹，那该有多好？"他们说。因此，他们创建了一个用于度量该特定原料的生产能耗的用例。不久，他们意识到，同样的用例也许能够用来追踪和追溯所有用于制作其产品的农作物。如果某种产品出了问题，那么公司需要安排 5 名员工花费 48 个小时来追踪问题的源头，这样公司才能知道哪家商店应该撤下什么产品。而区块链提供了在几秒钟内完成这些事情的可能性。一旦他们在一个用例上达成一致，他们就将该用例报告给公司高层，以获得一笔预算（这个用例的预算大约是 6 万美元），并开始组建团队。

该公司的另外一个试点的目标是减少在货物通过港口时需要签名的打印

文件的数量。在当前的系统中，工作人员需要在超过200份文件上签字，费时费力。这使他们的产品在港口滞留许久，而他们显然更愿意让产品待在商店、餐馆或酒吧里。因此，他们参与了马士基和IBM合作的区块链试点项目。

最常见的供应链业务目标都围绕着可追溯性、可持续发展、追踪与追溯、供应合作伙伴之间可信的协作，以及达到更高的运营效率等。一些商业目标有多重影响。例如，在产品的生产、存储和运输过程中消耗更少的能源，不仅可以为企业节约成本，还能增加产品在那些关心环境的消费者中的营销价值。

IBM的格尔森告诉我们："通常我们最终会坐在一个有白板的房间里，我们会贴出现在的流程，不管它是什么，然后问'这个流程的痛点在哪里，什么是你做不到的'。在那之后，我们会做出决定。它真的是我们需要的一个不可篡改的账本吗？如果它不是一个不可篡改的账本，这就不是一个可以用区块链解决的问题，我们就有其他方法来解决这个问题。"

它应该创造共享价值

区块链不可能孤立地取得成功，它需要为每一位贡献了数据和见解的合作伙伴提供明确的、可识别的好处。我们知道有几个用例失败的原因是它们只为供应链生态系统中的1~2个重要参与者提供价值。通过在用例中与你的供应链合作伙伴共事，你将了解它们的痛点，而这将有助于创建一个互惠互利的解决方案。

可能有时候区块链提供的好处是与另外一位合作伙伴建立"善意"，但是获取商业利益的动机越强大，区块链就越强大。

顺便说一句，这种共享价值可能完全来自内部供应链系统的构建。例如，一家在全球开展业务的企业经常需要一个团队来调解内部的财务纠纷。例如，在中国的一个业务部门可能会向一家海洋运输公司支付航运账单，但是其开具的发票可能与在英格兰的另一个业务部门所签署的合同不一致。智能合约将使支付自动化，并减少纠纷。IBM 的格尔森告诉我们："那么，唯一需要人为介入的纠纷就只剩下智能合约不能适用的那些了。"

而且，共享账本可以让每个人都看到相同的信息，这意味着更少的混乱。格尔森说："如今，这些对账工作依靠大量的文书作业来完成，偶尔也会有一些业务流程是自动化的。由于没有人看到相同的文件，人们都通过电话沟通。一旦你把所有的纸质文件都准备好并把它们都放到区块链上，事情就会更快地得到解决。"

它应该考虑主要的市场

堪萨斯南方铁路公司意识到，其最重要的需求之一是一个涉及跨境互动的项目。该公司主要想评估区块链将如何协助自己更有效地运输货物——在墨西哥的港口将货物装上联运火车，再分别运送到位于墨西哥和美国的目的地。

这个用例之所以出现，部分是因为该公司讨论了如何通过使更多的货物在运输过程中经过墨西哥来扩大其市场份额。该公司知道墨西哥的港口比得克萨斯的港口有更少的与天气相关的风险，比美国西部那些港口有更少的与劳工相关的风险。

但是，途经墨西哥的货物运输缓慢，因为它们面临着官僚主义和地缘政治的双重挑战。因此，该公司的一个关键问题听起来会是这样的："我们如何改善途经墨西哥的多式联运集装箱的运输速度和可视性？"但是，海关（尤其是墨西哥的海关机构）还无法在项目中承担起合作伙伴的角色。出于市场考虑，该公司找了具有海关经验的咨询顾问来复现这些角色。这使该项目得以迅速推进，同时也制造了潜在的证据，这些证据会使海关今后更容易接受这些项目。

它应该具有扩展到其他合作伙伴或其他市场的潜力

你遇到的每一位区块链专家可能都会告诉你，参与进来的合作伙伴越多、覆盖的市场越广，在供应网络中应用区块链的潜力就越大。所以，当你想要从小而简单的项目开始时，你需要运行一个具有扩展潜力的项目。如果它只能在有四个合作伙伴的情况下运行，那么它无法创造太多的价值。

马士基的鲜花试点带来了与其他合作伙伴的新试点。这些合作伙伴将从更高的跨境运输效率中获益，它们包括需要运输产品的客户，以及像堪萨斯南方铁路公司这样的运输合作伙伴。而且，堪萨斯南方铁路公司对此抱有希望，如果区块链解决了它在多式联运业务中面临的一些挑战，那么这些解决方案或许能够应用于其他业务，其中大部分都需要供应网络中的其他合作伙伴和客户的参与。

它应该与企业的需求和战略保持一致

任何区块链项目最终都要与企业的需求和战略保持一致。因此，如果你是一位区块链倡导者，你就要考虑不同的利益相关者的利益和支持力度，它们都准备从区块链用例中获益。你无法孤立地开展区块链项目，必须与企业中的其他人合作，否则，即使是最好的区块链用例，也注定会在冷漠的波涛中挣扎，或者在反抗的风暴中沉没。

当你考虑潜在用例时，想一想它会落在图 12.1 中的哪个位置。我们之前已经强调过高层支持的重要性了。那么，首先，高层对区块链的兴趣到底有多高（或多低）？这形成了图的纵轴。接着，你对区块链的兴趣有多高？这形成了图的横轴。这样就形成了四个象限，你可以在每个象限中描绘企业的兴趣水平。

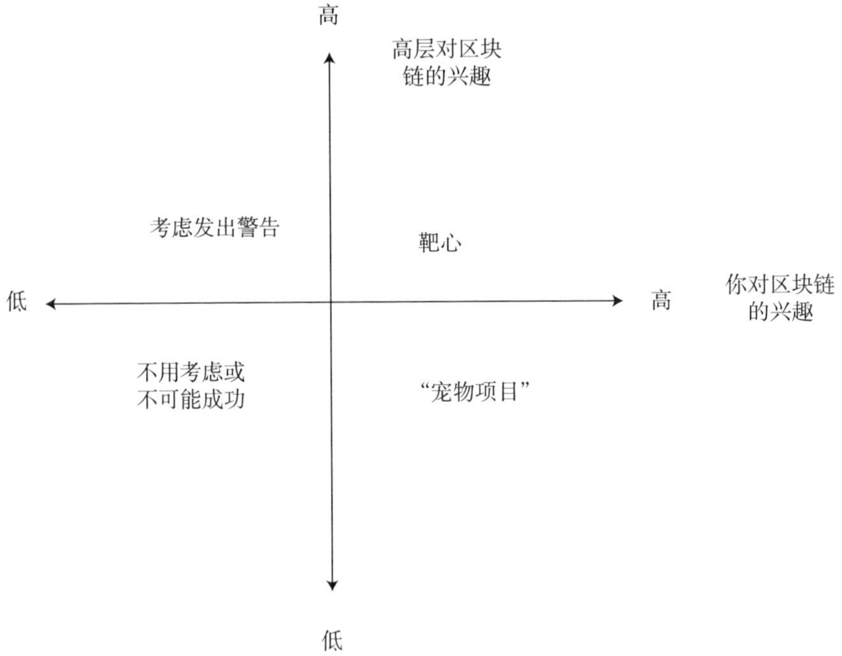

图 12.1　区块链用例的分类

在图 12.1 中左下象限里的是那些你和高层都不感兴趣的区块链用例。如果企业的其他部门对该用例同样没有兴趣，那么直截了当的决策就是远离这样的用例。如果企业的其他部门询问这类用例，那么你们可以花些时间去讨论一下该用例的投资回报率，并以开放的心态进行学习。但是，在落实这些想法之前，你需要培养超出这个象限范围的真正兴趣。

如果你对一个用例有很大的兴趣，但是缺乏高层的支持，你就不会把它列为优先事项。如果企业的其他部门也从该用例中看不到任何价值，那么你追逐的可能是一个“宠物项目”（Pet Project，指为了个人喜好而非获利的项目），而且你可能将自己和团队置于风险之中。如果你得到了其他部门的支持，他们就会帮你说好话，而你最终可能会进入用例测试的阶段。

如果企业的高层对一个用例很感兴趣，但你对该用例不感兴趣，那么该怎么办？这显然是一个令人不舒服的场景，特别是在其他部门的支持也很少的情况下。你的角色是提供支持和创造卓越，但是也要满怀敬意地发出警告。你不用做“恶人”，但是你要让大家知道风险。如果其他部门也支持这个用例，那么让他们来担任领导者的角色吧，你可以充当辅助角色。

当然了，图12.1中的右上象限是靶心。你和企业高层对追逐一个特定的区块链用例的价值达成了一致。如果有来自企业内部的阻力，那么你会想要努力工作去分享潜在的利益，以克服这些阻力。技术的部署和采纳很少能够在强制推行的情况下平稳地进行。在理想的情况下，其他部门也会看到该用例的价值，而那是在一个用例上所能发生的最神奇的事情——获得所有利益相关者的支持。

本章要点

- 与其因为炒作而迷上区块链并将其强加于你的企业，不如研究一下你的企业需要应对的那些挑战，并确定区块链是否代表了一种比其他备选解决方案更好的、潜在可行的、可扩展的解决方案。
- 要想评估区块链对你的企业的价值，你首先需要围绕一个具体的商业问题开发一个特定的用例，运行一个试点来测试其可行性，然后根据试点结果创建一个切合实际的、正式的商业案例。

- 鉴于区块链可以作为潜在的解决方案，该用例应当识别出一个商业问题。它应当包括预算和明确的试点目标，但它不需要由一个经过充分开发的商业案例来驱动。相反，在创建用例的过程中人们提出的问题及其答案和试点结果将有助于创建一个稳健的商业案例（或消除对商业案例的需求）。
- 区块链试点的投资回报可能并不是一种直接的、明显的形式，理由如下。
  - 区块链试点能给你带来关于你的企业和供应网络的特定知识，这对以后的区块链应用将会很有帮助。
  - 区块链试点有助于彻底改变你和生疏的合作伙伴之间共享和交换信息的方式、它们交换的信息，以及它们愿意与你交换的信息。重新改写你和生疏的合作伙伴之间的交流规则，可能会极大地影响效率和盈利能力等方面。
- 这些用例看起来各不相同，取决于每家企业的组织结构和目标，但以下是每家企业都需要考虑的基本标准。
  - 它应该获得高层的支持。
  - 它应该是简单的。
  - 它应该能够完善已有的旧系统。
  - 它应该有区块链能够实现的、清晰的商业目标。
  - 它应该创造共享价值。
  - 它应该考虑主要的市场。
  - 它应该具有扩展到其他合作伙伴或其他市场的潜力。
  - 它应该与企业的需求和战略保持一致。

第13章

组建团队

在挑选有史以来最伟大的球队时，我们有很多种选择，由此而产生的争执是永不休止的。

目前，美国职业橄榄球大联盟（National Football League，NFL）的状况是新英格兰爱国者队（New England Patriots）创立的王朝仍在延续，但怀旧者可能更喜欢某一时期的达拉斯牛仔队（Dallas Cowboys）、旧金山 49 人队（San Francisco 49ers）、匹兹堡钢人队（Pittsburgh Steelers）或绿湾包装工队（Green Bay Packers）。如果你是一位篮球迷，你可能会支持迈克尔·乔丹（Michael Jordon）时期的芝加哥公牛队（Chicago Bulls）、拉里·伯德（Larry Bird）时期的波士顿凯尔特人队（Boston Celtics）或“魔术师”约翰逊（Magic Johnson）时期的洛杉矶湖人队（Los Angeles Lakers）。纽约扬基队（New York Yankees）则为棒球迷提供了几种选择。你可以选择巴布·鲁思（Babe Ruth）时期的老派风格或德里克·杰特（Derek Jeter）时期的现代风格。你喜欢冰球吗？1955—1960 年的蒙特利尔加拿大人队（Montreal Canadiens）怎么样？足球呢？20 世纪 60 年代末期到 70 年代早期的阿贾克斯队（Ajax）是足坛的一股重要力量，某些时期的皇家马德里队（Real

Madrid）也是这样的。或者，在 2007—2012 年，你会迷上西班牙的那些强队。英式橄榄球呢？1986—1990 年的新西兰全黑队（New Zealand All Blacks）可以说是无敌的。

然而，还有一支鲜为人知的队伍，它可能会冠绝群雄。其成员主要有莱斯·克拉克（Les Clark）、奥利·约翰斯顿（Ollie Johnston）、弗兰克·托马斯（Frank Thomas）、沃尔夫冈·雷瑟曼（Wolfgang Reitherman）、约翰·劳恩斯伯里（John Lounsbery）、埃里克·拉森（Eric Larson）、沃德·金博尔（Ward Kimball）、米尔特·卡尔（Milt Kahl）和马克·戴维斯（Marc Davis）。你在任何一项体育运动的名人堂（Hall of Fame）里都找不到这 9 个人。他们是把米老鼠、白雪公主和灰姑娘等卡通角色变成世界偶像的动画师，他们帮助华特·迪士尼（Walt Disney）创立了日后成为多元化娱乐帝国的迪士尼公司。

对任何重要的项目来说，无论它是体育运动还是商业活动，组建合适的团队都是至关重要的。正如吉姆·柯林斯（Jim Collins）所说，你需要让正确的人上车。当你在自己的供应链中测试区块链时，这句话同样适用。

当我们对供应链专业人士进行调研时，我们发现企业在拥有一个配备到位的、用于寻找区块链解决方案的团队方面的平均得分最低。这清楚地表明，对那些认识到区块链潜力的敬业的高层来说，还有工作尚待完成。

对开发一个区块链用例来说，我们发现你可能至少需要来自三个方面的团队成员——内部参与者、供应链合作伙伴和顾问。在一些情况下，额外的战略顾问可能会被证明是很有帮助的，因为资深行业联盟的领导者可能已经参与了区块链标准的制定及对联盟成员的区块链培训工作。

内部参与者

内部参与者应当根据其职能贡献来挑选。例如，如果你计划使用的数据来自内部系统，你就需要来自 IT 部门、了解这些内部系统的人，你还需要同样来自 IT 部门、了解数据及数据与项目之间的联系的人。然而，此时你并不需要那些懂得如何编程及如何实现这个平台的人，因为直到部署阶段之前都没有需要他们做的工作。

你的团队必须有来自 IT 部门的技术代表和项目经理，但是大多数区块链用例也需要来自企业其他部门的领导者，包括业务运营、采购、物流、客户运营、客户服务和营销等部门。换句话说，不要把团队局限于一两个职能范围内。这些供应链代表可能来自企业的各个部门，这取决于企业的组织结构。此外，你需要考虑团队需要哪些类型的人员。

像这样的特殊项目往往会被最容易找来的员工完成，而非最符合资格的员工。然而，这些员工唾手可得常常是有原因的——各方对他们并没有强烈的需求。项目中的薄弱环节不仅不能产生贡献，还会引发问题：一种是直接引发问题，如果他们态度极差或犯了必须纠正的错误；另一种是间接引发问题，如果你浪费大量时间努力围绕他们开展工作。

当然，你想要最优秀、最聪明的员工。你希望团队成员是变革的代言人，而不是变革的抵制者。你希望团队成员创造性地思考问题的解决方案。非 IT 人员仍然需要精通技术，而且 IT 人员也需要拥有基本的商业头脑。虽然拥有区块链的狂热拥护者是一件好事，但是你同样需要拥有一些区块链的怀疑者。请注意，不是愤世嫉俗者，而是怀疑者。你的办公室里要有一些现实主义者，但是这些现实主义者与那些区块链的狂热拥护者一样需要具备高情商。他们需要知道进退的分寸，这需要很强的沟通技巧及能够引导他们言行的自知之明和知人之明。例如，我们曾经与一个团队进行交谈，他们很快地意识到他们的区块试点很可能会在其流程中很好地消除对货运代理的需求。然而，考虑到该项目的合作伙伴中有一家货运代理，解决这个问题的时机和方式需要慎重考虑。

一个相互尊重、目标一致的团队将会表现最佳。当你需要避开愤世嫉俗者和变革抵制者时，你需要找到区块链的狂热拥护者。高层的支持将有助于减少抵制，但是在最好的情况下，项目将由一个或多个区块链的狂热拥护者来领导，他们不仅让所有人都参与其中，而且让每个人都充满活力。一位 IT 经理告诉我们："除了首席信息官和首席采购官的支持，我们还有一位非常愿意加入团队的、敬业的采购经理，这真的很有帮助。"

业务或供应链合作伙伴

如果有多家企业和多个利益相关者参与，区块链用例就会变得更加丰富。而且，与正确的合作伙伴共事是成功的关键。用例将有助于定义需求，但是在继续推进之前，你应该考虑关于供应链合作伙伴的一些事情。

例如，找出符合你的用例的利益需求的供应链上下游合作伙伴及在这些市场中开展运营的合作伙伴。这可能意味着你需要一些邻近的合作伙伴或远在地球另一端的合作伙伴。而且，你需要那些在标准和流程方面已经尽可能地（或能够尽快地）与你保持一致的合作伙伴。例如，堪萨斯南方铁路公司已经能够通过使用 EDI 的特定合作伙伴来获取数据。它们意识到，任何一方的业务部门稍微努力就能够使数据进入区块链，这对提高项目的推进速度和简洁性做出贡献。

在为一个试点选择合作伙伴时，最大的决策也许围绕着你与当前合作伙伴的关系，以及对这些合作关系的信任程度。我们拜访过的许多运行过试点的高层都强调保持项目的简洁性，以及与那些你已经了解和信任的合作伙伴共事的价值。是的，区块链有助于在缺乏信任的地方创建互信，因为你可以相信区块链构建的那个平台。但是在开发阶段，当重要的决定已经被做出，代码也最终被编写完成时，如果彼此之间已经有了高度的尊重和信任，那么你通常能够更快、更有效地向前推进项目。你希望合作伙伴不仅对区块链感兴趣，而且愿意为试点做出承诺。这将花费其时间、精力和金钱。你还希望合作伙伴对区块链带来的好处感兴趣，愿意为探索的过程投资。这类合作伙伴往往是那些你已经熟知并信任的伙伴。

但是，当你把试点范围局限在你最信任的现有合作伙伴时，区块链可能只会提供很少的价值，因为你们之间可能已经有了 EDI 或类似的通信手段，这些手段提供了区块链所能带来的许多好处。如果你已经有了优良的数据交换方式，并且与合作伙伴之间有相当程度的可视性，区块链就有可能沦为多余的解决方案。

事实上，获利最多的合作伙伴可能并不想测试区块链。以我们之前在讨论网络理论如何应用于区块链及供应网络时研究过的图 13.1 为例，节点 B（你的直接供应商）可能看起来像是一个与你合作开展区块链试点的理想选择。但是，如果它是你的一个主要供应商，那么你们之间可能已经有了一种有效的数据交换方式。在这种情况下，区块链可能会是一个多余的解决方案，你可能不会见识到它的真正潜力。因此，你可能会想和一个稍微疏远的供应商（如节点 C）进行合作。区块链具有经济且有效地将你与间接合作伙伴连接起来的能力，这可能会带来更加显著的好处。

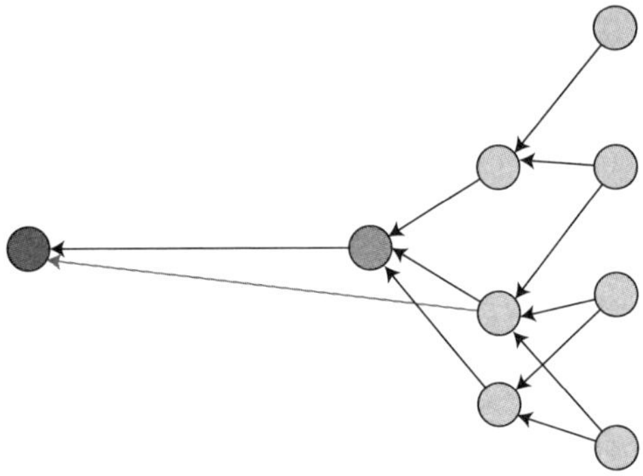

图 13.1　跨越结构洞

当两种或多种技术都能满足最低功能要求时，客户会开始寻找其他决定因素。克莱顿·克里斯坦森的破坏性创新理论表明，创新的进程通常是从功能到可靠性、便利性，再到价格。区块链在可靠性（由于可扩展性、互操作性和数据存储等问题）和便利性（它看起来很复杂）方面通常不占优势，因此你的主要合作伙伴可能更喜欢成熟一些的 EDI，而不是区块链。

区块链创造的真正的附加价值在于，它连接了那些与你不是点对点关系的参与者，以及那些在现有的供应链中与你联系较少，而且彼此之间也很少联系的参与者。你的供应网络中的那些小集群是区块链发挥相对优势的主要区域，这些优势包括：记录的不可篡改性、通过整体可视性为所有授权用户带来的透明度、近乎实时的更新、多用户输入数据、数据以区块的形式构造（对应于每笔交易）。正是在供应网络的这些小集群里，区块链开始达到获得采纳的临界点。

这些合作伙伴可能对测试任何与可视性相关的东西没那么热切，而且它们还会增加试点的复杂性，但是与它们共事有非常有利的一面，即它们经常能够提供你无法从其他途径获得的数据和见解。为了使区块链充分发挥价值，你需要与那些在供应网络的各个组成部分中最重要的合作伙伴建立联系，而在此之前你可能与它们并没有直接联系。

克里斯坦森指出，颠覆性的技术和产品源于在传统意义上被忽视的世界角落。它们通常在这些角落里获得了关键的大量采纳，因为它们更便宜或更方便（但是并不比主流产品更加优质）。它们颠覆或替代了主流产品，因为已经有很多人在使用它们了。许多企业因为围绕区块链的炒作让它看起来具有破坏性而对区块链感兴趣，因此它们会在某个角落测试区块链的破坏性到底有多强。例如，沃尔玛最初的两个试点（墨西哥的杧果和中国的猪肉）都使用区块链来探查这些角落。

区块链比 EDI 或主流的数据库技术更经济，更易于安装、卸载和使用。因此，它可能真的会照亮（并颠覆）那些可视性或互动性非常有限的地方，例如，在生疏的、互不信任的二级甚至三级合作伙伴之间。

只和亲密的、可信赖的合作伙伴一起进行的试点像是一种试水，而且一些企业在涉足更深的水域之前需要进行这样的试点。然而，这些深水区至少应在第二个试点阶段进入，即当你扩大试点规模并且寻求获取区块链能够提供的更大利益时。关于网络理论应用的新兴研究能够帮助你识别供应网络中目前与你只有弱连接的合适的参与者。

弱连接是指双方的沟通及待在一起的时间相对较少。在人际关系中，他可能是一位远离你的朋友，你们见面时可能会玩得很开心，但是你们不经常见面。在供应链中，它可能是一个你不太了解的合作伙伴，你们没有交换过很多的数据或信息。总而言之，它是在某些方面与你有所不同的重要合作伙伴，例如，它们可能在不同的行业或国家。对堪萨斯南方铁路公司来说，边境是最大的障碍，因为在边境另一边的合作伙伴说不同的语言，遵守不同的法律。它们也可能是相对陌生的合作伙伴，你尚未与它们建立有效的数据和信息交换机制。

然而，某个合作伙伴与你的关系薄弱，并不意味着它就是适合参与区块链试点的最佳选择。该合作伙伴还必须在某些方面对整个供应链发挥重要作用。例如，它可能是你与一个所知甚少的大型制造商集群的唯一连接。一家零售商没有办法详细了解中国的每一家鸡肉生产商。然而，通过区块链与一些大型鸡肉生产商或分销商建立联系，该零售商就能获得足够多的关于流向其门店的大多数鸡肉的原产地信息。

了解你的供应网络

我们的研究表明，与在供应网络中扮演关键角色的少数几家企业进行基于区块链的数据交换，能够极大地增强你对供应网络的深层部分的了解，并提高供应网络的运行效率，而这些深层部分在大多数供应网络中都是鲜为人知的区域。

当管理者需要赶上看起来不可能赶上的时间期限或需要获取与重要战略决策相关的信息时，他们经常会使用自己的人际网络。通常正是通过这些间接的连接，关键的信息才被找到，工作才得以完成。然而，对大多数企业来说，间接的合作伙伴，如位于供应网络的深层部分的供应商，组成了“暗宇宙”，它们是无法观测、不可控制的。结果，很多企业倾向于只和直接合作伙伴共事。当位于供应网络的深层部分的合作伙伴出现问题时，管理者往往会退化到依靠直觉来解决问题。区块链能让以一种系统的、有效的方式来了解和开发供应网络的深层部分成为可能。

要想搞清楚你的供应网络中的各个参与者，你需要开放网络并深入了解其内部。试图马上绘制出整个供应网络通常是一种不现实的做法，但是描绘出关键参与者则是必不可少的。大多数大型企业主要与其直接联系的一级合作伙伴进行沟通，而对其供应网络的更深层部分一无所知。因此，你首先要确定企业中最需要连通性的职能或活动，然后考虑相应的网络区域。

例如，麦当劳外包了它的整个供应链。它依靠少数几个关键合作伙伴来确保其食品的所有原材料及时送达。它向全世界数以千计的麦当劳餐厅供应这些原材料。这些关键合作伙伴就是麦当劳在其广阔的供应链里的耳目，它们与数以千计的其他供应商展开不同层次的合作。当然，麦当劳也依赖于这些关键合作伙伴。如果一位消费者抱怨食品劣质，那么这份抱怨是冲着麦当劳来的，而不是冲着那个通过经销商将一批劣质生菜或西红柿运给麦当劳的供应链的关键合作伙伴。在这种情况下，这顿饭里的所有原材料都必须追溯至原产农场，以防止其他食品中毒事件发生。

麦当劳等企业可能想要识别并了解它们最信任的参与者（包括农户和运营冷藏设施的经销商），好让食品质量保持在要求的水平。它们可能还想要识别出可以求教如何改善其供应链中的食品质量的参与者。

换句话说，供应网络图的绘制能够并且应该根据具体的需要进行调整。但是，我们已经识别出了你应当在区块链试点项目中选择的三类间接供应商。

第一类是**中心连接者**（Central Connector）。中心连接者与你的整个供应网络中的大多数供应商都有连接。它们是当你看向一张供应网络图时首先注意到的那些供应商，它们连接着最多的节点。它们通常能从与它们相连的许多其他供应商那里收集大量的信息，因此它们可能会制造瓶颈。供应网络图无法告诉你一个中心连接者是否制造了瓶颈，但与这样一家供应商进行基于区块链的数据交换肯定会给你带来大量的新知识。

第二类是将你的供应网络中的不同集群连接在一起的**边界跨越者**（Boundary Spanner）。没有它们，供应网络将会四分五裂。边界跨越者在任何供应网络中都不多见，因为大多数企业都待在自己的供应商集群范围内。通过识别边界跨越者并将其引入基于区块链的数据交换项目中，你可以获得源源不断的好处。边界跨越者通常拥有来自许多网络区域的独家数据，因此，它们可能会成为重要的信息中介。通过边界跨越者，你可以更加轻松有效地利用来自供应网络多个部分的信息流。

中心连接者和边界跨越者的关键区别在于它们与供应网络中其他部分的连接方式。中心连接者拥有一个很高的连接总数量，在网络理论中这被称为具有高中心性（High Degree Centrality）。因此，一家具有高中心性的企业会拥有数量众多的供应商。它可能是一家向多家供应商采购零部件的大型企业，或者是一个复杂产品的制造商，产品的每种零部件都来自不同的供应商。总而言之，它们都连接了目前对你不可见的供应网络的很大一部分。

边界跨越者则具有高中介中心性（High Betweenness Centrality）。这意味着它们的直接或间接合作伙伴拥有数量众多的供应商。一个拥有高中介中心性的企业也许没有太多的直接连接，但其合作伙伴可能是那些拥有大量供应商的企业。或者，它可能处于这样一个位置，其直接合作伙伴具有低中心性，但是与拥有大量合作伙伴的大型供应商相连接。在任何一种情况下，一个具有高中介中心性的企业都位于供应网络中的许多企业的“中间”。因此，我们要思考一下“在（供应网络的）另一边”的哪家企业能直接或间接地与那里的大多数企业连接。

第三类是**外部专家**（Peripheral Specialist）。它们通常是一个独特而又非常重要的零部件的制造商，远离你的供应网络的核心区域，在供应网络的边缘运营。无论供应网络的规模如何，每个供应网络都有外部专家。然而，其中一些外部专家可能对你的企业的运营至关重要。如果它们出了问题，你也许无法或很难找到替代者。

顾问

在区块链试点中需要考虑的第三个关键群体是顾问，他们可以提供你无法从内部参与者或供应链合作伙伴那里获得的专业知识。大多数项目都需要引入技术顾问，他们有可能来自一家初创企业或一家规模更大的企业，如IBM或埃森哲。区块链的技术并不复杂或并不难以实现（对IT专家来说就是如此），但其他方面的因素是很重要的。

在选择顾问的过程中，建议你回答以下五个关键问题。

- 他们能否灵活地满足你的需求？
- 他们能以多快的速度加入这个流程并使它成为现实？
- 他们在供应链方面有哪些经验？在你所处的行业里呢？在区块链项目方面呢？他们与你的合作伙伴合作过吗？
- 如果用例展示了潜在需求，那么他们为规模化所做的准备如何？
- 他们在市场上是中立的吗？

请记住，适合不同用例的技术顾问很可能是不同的。如果用例需要一个灵活的合作伙伴，该合作伙伴要能快速适应不断变化的环境，那么一家初创企业可能更加合适。如果用例需要在全球供应链方面有丰富经验的合作伙伴，那么一家更大、更成熟的企业可能更加合适。

你会注意到，我们没有将区块链是公共的还是私有的列为选择技术顾问时的一个考虑因素。虽然一些企业可能想要使用公共区块链，但是我们预计绝大多数供应链业务用例都会出现在使用超级账本的私有区块链上。

一些项目可能还会通过增加额外的顾问而得到很好的服务。例如，堪萨斯南方铁路公司需要咨询顾问扮演报关代理的角色，因为真正的海关还没有做好准备参与进来。我们研究过的一家快消品公司在一个试点项目中引入了一家研究机构，因为该机构具备农产品生产及加工方面的专业知识。

无论内部参与者、供应链合作伙伴还是顾问，他们都需要扮演互补的角色，并带来不同的经验、专长和个性。如果他们有高情商，那么他们将会很好地合作，即使在那些不可避免会出现分歧的时刻。

堪萨斯南方铁路公司的迈克·纳茨告诉我们："在团队中有一些现实主义者是很有帮助的，他们会提出一些尖锐的问题，使我们保持诚实、不被炒作所煽动。组建一个自愿的联盟，确保利益相关者都能行动起来且行动迅速同样很重要。有一些利益相关者还没有准备好在试点项目中前行，我们不得不将它们排除在外，以便推进试点项目。我们模拟了它们在供应链中扮演的角色。"

表 13.1 有助于你在挑选团队成员时识别他们所具有的基本技能、技术或其他方面。对号表示对该团队成员具备该技能的需求程度。例如，一个对号表示该技能达到基本水平，而三个对号则表示精通该技能。

表 13.1　一个优秀的区块链团队的必备技能

	高层发起人（最高领导层）	项目经理（内部或外部）	内部 IT 人员	外部 IT 人员（系统架构设计顾问）	业务部门领导（内部或外部）	商业顾问（行业或技术）
专业技能 （具备与项目相关的技能）	√	√√√	√√√	√√√	√√√	√√
愿景 （对项目成功的可能性的远见）	√√√	√√	√√√	√√	√√	√√
影响力 （可以激励和促使他人行动）	√√√	√√	√√	√	√	√√

（续表）

	高层发起人（最高领导层）	项目经理（内部或外部）	内部IT人员	外部IT人员（系统架构设计顾问）	业务部门领导（内部或外部）	商业顾问（行业或技术）
商业头脑（了解关键的业务驱动因素及业务战略）	√√√	√√	√√	√√	√√√	√√√
精通技术（了解技术是如何工作的及如何使其正常运行）	√	√	√√√	√√√	√	√
解决问题（在工作中克服障碍和执行计划时的创造力）	√	√√√	√√√	√√√	√√	√√√
敏捷性（在项目需要时迅速进行调整的意愿和能力）	√√√	√√√	√√√	√√√	√√	√√√
务实（对实际挑战的洞察力及提出尖锐问题的意愿）	√√√	√√√	√√√	√√√	√√√	√√√
情商（沟通和公关技能）	√√√	√√√	√√√	√√√	√√√	√√√
热情（对项目的一个或多个方面的激情）	√√√	√√	√√√	√√	√√	√√

本章要点

- 开发一个区块链用例至少需要来自三个方面的团队成员——内部参与者、供应链合作伙伴和顾问。
- 战略顾问可能会被证明是很有帮助的，因为资深行业联盟的领导者可能已经参与了区块链标准的制定及对联盟成员的区块链培训工作。

- 你应当根据职能贡献在IT、项目管理、业务运营、采购、物流、客户运营、客户服务和营销等部门中挑选内部参与者。供应链代表可能来自企业中的哪些群体取决于企业的组织结构。
- 你要为自己的团队寻找的人应该包括：最优秀和最聪明的员工；变革的代言人，而非变革的抵制者；能够创造性地思考问题的解决方案的人；精通技术的非IT人员，拥有基本的商业头脑的IT人员；区块链和相关技术的狂热拥护者；区块链和相关技术的现实主义者；拥有高情商的团队成员。
- 要找出符合你的用例的利益需求的供应链上下游合作伙伴及在这些市场中开展运营的合作伙伴。
- 你希望合作伙伴不仅对区块链感兴趣，而且愿意为试点做出承诺。
- 在开发阶段，当重要的决定已经被做出，代码也最终被编写完成时，如果彼此之间已经有了高度的尊重和信任，那么你通常能够更快、更有效地向前推进项目。
- 如果你已经有了优良的数据交换方式，并且与合作伙伴之间有相当程度的可视性，区块链就有可能沦为多余的解决方案。
- 与在供应网络中扮演关键角色的少数几家企业进行基于区块链的数据交换，能够极大地增强你对供应网络的深层部分的了解，并提高供应网络的运行效率，而这些深层部分在大多数供应网络中都是鲜为人知的区域。

- 顾问可以提供你无法从内部参与者或供应链合作伙伴那里获得的专业知识。大多数项目都需要引入技术顾问。他们足够灵活，能够满足你的需求；能够以你期望的速度将这个流程变成现实；拥有供应链经验和特定的行业经验；可以在发现潜在需求时帮助你实现规模化；他们在市场上是中立的。

第 14 章

启动试点

一旦你有了一个用例并确定了恰当的合作伙伴，下一步就是使用你们公司或你雇用的顾问所偏爱的规划流程启动试点。

再次强调，要让试点保持简单。要为前 3 周制订一个计划，让所有人都参与研讨会。这通常需要花费两天的时间，而且在远离你的办公室的地点举行时效率最高，因为这可以减少一些精力上的分散。会议的目的就是一句话——达成一致。

首先，你们要在需要解决的问题的根源上达成一致。然后，在最简单、最直接的解决方案上达成一致，或者在经常被称为最小可用产品的东西上达成一致。接着，在执行路径上达成一致——你可以在 8~10 周内切实完成的那些事情。最后，在试点范围上达成一致，在对试点的预期上达成一致，在对彼此的预期上达成一致，在专业术语、角色、风险和流程上达成一致……在任何可能会影响试点成功的事情上达成一致。

应当达成一致的方面

- 需要解决的问题的根源。
- 最简单、最直接的解决方案。
- 执行路径。
- 试点范围。
- 对试点的预期。
- 对彼此的预期。
- 专业术语。
- 角色。
- 风险。
- 流程。
- 任何可能会影响试点成功的事情。

例如，在不同的合作伙伴之间发现专业术语方面的差异有可能令人惊讶。即便是在一个共同的语言环境里，不同的企业也会使用不同的术语，而当试点具有国际属性时，这一点尤其具有挑战性。研讨会提供了这样一个环境，合作伙伴可以叫停并发问："你说的是什么意思？"研讨会允许所有的合作伙伴分享其目标及其希望通过参与这个试点获得的利益。

研讨会的主要内容是精心规划将区块链作为解决方案的流程。当然，你首先要回顾当前的流程，以及每个合作伙伴在该流程中扮演的角色。这包括识别每个合作伙伴当前使用的技术（如 EDI、RFID、IoT 等）及其现在执行的标准。

这时团队里的现实主义者往往会提出他们的担忧，这些担忧主要与把数据放到区块链上的实际部署问题相关。因此，这可能是你需要找到绕开特定障碍的方法的地方，或者可能是你需要对用例目标进行重大调整的地方。

记住这一点，你就可以开始创建基于区块链的、未来状态的流程了。你可以定义由谁在区块链上放置哪些信息，认可所有合作伙伴都接受的已知风险，定义规划环节和执行环节的角色和责任，并就试点的时间安排、试点更新的沟通方式及试点如果正常推进下一步会做什么等达成一致。

在大多数情况下，试点的发起公司和技术顾问都会指定项目经理。而且，这两位项目经理都会对把试点推进至执行阶段的所有细节负责。

主要的注意事项和问题

研讨会需要讨论框架，当然，任何称职的顾问都会提供讨论框架。以下是一些主要的注意事项和问题。

- 当前的流程是什么？什么样的痛点导致你考虑部署区块链？
- 合作伙伴在供应链的这个部分有哪些痛点？
- 基于区块链的解决方案与现状相比如何？
- 基于区块链的解决方案与其他可选方案相比如何？
- 进行以下事实调查。
    - 你处于区块链学习曲线上的什么位置？
    - 你是否获得了足够多的供应链承诺和供应链能力？
    - 解决方案是否与你的供应链战略明确相关？
- 你必须考虑哪些技术因素？
- 回答“4W”问题。

- ○ 为什么（Why）——你为什么要参与试点？
- ○ 是什么（What）——成功的项目应该是什么样的？
  - ■ 用例的范围是什么？定义清晰的边界、流程和价值流图，现在和未来的状态。
  - ■ 时间计划是什么？
  - ■ 预算是多少？（供应商咨询或部署费用，外部咨询费用，用来弥补部署期间生产效率低下的临时员工的雇用费用，定制和开发费用，部署团队在整个周期内的加班费用，一般员工在系统上线期间的加班费用）
  - ■ “完成”应该是什么样的？（有形的目标——你能看得到的事情，那些必须在敏捷测试方法的每次迭代中完成的目标）
- ○ 谁（Who）——谁应该参与？（参见第 13 章）
- ○ 哪里出错了（Woops）——测试中会出现什么问题？（列出风险清单）

测试区块链时需要列出风险清单，其中可能会包含任意数量的风险因素。在这项技术发展的早期阶段，最常见的一个风险因素是尚未得到解决的与政府监管有关的问题。例如，如果你在一个有跨境业务的行业里，那么这个问题肯定会出现。监管者也正在熟悉情况。一些监管者，如鹿特丹港和美国海关，迅速地加入试点并积极地解决问题，而其他一些部门则犹豫不前。因此，做出优秀的试点设计的关键在于，只让那些做好准备的监管者参与进来，并且在试点之后的阶段留出时间解决与这些监管者相关的问题。

别管细枝末节

研讨会的一个最重要的成果是生成一份清晰的工作说明，该说明定义了工作范围、时间安排、工作目标和角色分工。这可以帮助团队专注于手上的工作，而不是那些新奇的事物。

对那些可能会最终完成这个项目的创造性思考者来说，区块链可以持续不断地提供额外的潜在解决方案。一些团队成员会说：“如果我们解决了这个问题，那么我们也许可以解决另外一个问题。”

IBM 的杰弗里·凯勒说：

“有些人确实渴望深入到解决方案设计的细枝末节中去。我认为，在这个阶段，任何事情成功的部分原因是团队获得了恰当的指导，持续专注于总收入增长，而非过度关注那些可能很快就会让人陷进去的细节。在这个过程中，任何一位优秀的架构师都想要研究每一个可能的场景，因为随着时间的推移，改进解决方案的机会将不断出现。在这种渴望、预算面临限制的现实和明确你试图解决的最重要的商业问题之间找到某种平衡，是让一个项目始终聚焦于正确的部分和活动的另一个基本要素。”

过度设计解决方案的诱惑不可避免地增加了成本。在学会走路之前，你首先要会爬。但请记住，当你能够走路甚至奔跑时，可能还会有第二个爬的阶段。因此，请将积压的创意保留在一份清单中，将其束之高阁，等待一个更加合适的时机来临吧。

接下来应该做什么

脱胎于研讨会的初始团队（可能多达30人）将继续参与试点项目的推进，但不会参与试点项目推进过程的每个阶段。他们将待在沟通圈里，除非需要用到他们的特定技能和专业知识。

技术顾问一般会与试点的发起企业的IT主管通力合作，负责编写代码。试点的启动和运行环节部分是由技术驱动的，部分是由项目管理驱动的。一些人需要使其他人专注于工作，并解决那些意料之外的挑战。

你需要与团队中的一些成员保持每日交流，与其他成员保持每周交流。如果你需要使用他们的技术来建设平台或对用户体验进行现场测试，那么你也许会将新人带进团队。

令许多领导者感到惊讶的是，与其他技术的试点相比，区块链在这个阶段的进展速度相对较快。一旦你有了合适的合作伙伴，而且你们对试点的工作流程达成了一致，试点就会在短短8周内启动并投入运行。

本章要点

- 当启动一个区块链试点时，要为前3周制订一个计划，让所有人离开办公室去参加一个为期两天的研讨会。
- 通过研讨会，在需要解决的问题的根源上达成一致；在最简单、最直接的解决方案上达成一致；在你可以在8~10周内切实完成的执行路径上达成一致；在试点范围上达成一致；在对试点的预期及对每个合作伙伴的预期上达成一致；在专业术语、角色、风险和流程上达成一致。

- 要允许所有的合作伙伴分享其目标及其希望通过参与这个试点获得的利益。
- 要回顾当前的流程及每个合作伙伴在该流程中扮演的角色（包括当前使用的技术和执行的标准）。
- 要创建基于区块链的、未来状态的流程，定义由谁在区块链上放置哪些信息，认可所有合作伙伴都接受的已知风险，定义规划环节和执行环节的角色和责任，并就试点的时间安排、试点更新的沟通方式及试点如果正常推进下一步会做什么等达成一致。
- 要生成一份清晰的工作说明，该说明定义了工作范围、时间安排、工作目标和角色分工，这可以帮助团队专注于手上的工作，避免范围蔓延。
- 脱胎于研讨会的初始团队应当继续参与试点项目的推进，但不会参与试点项目推进过程的每个阶段。他们应当待在沟通圈里，除非需要用到他们的特定技能和专业知识。

第15章

进入学习循环

创新不会在电光石火间发生。在绝大多数情况下，它是一个不断迭代的过程，一个想法引发了一场测试，产生了一个见解，推动了对初始想法的调整，周而复始，直到一些真正具有革命性的事物出现。

以指南针为例，中国人在公元前300年至公元前200年之间开始使用天然磁石来制造司南。他们发现，如果将这种自然磁化的铁矿石悬挂起来，那么它总是指向磁极。天然磁石最初被证明有两种用途：一是占卜；二是根据中华文化中的风水原理决定在哪里建造房子或种庄稼之类的事情。

几百年后，人们才开始使用这项发明来导航。最终，指南针传到了欧洲。14世纪，当人们驾驶船舶航行在大海上时，大多数船长都是通过指南针来导航的，而不是观察星星。但是，要想完全了解指南针的价值，需要花费很多时间并做额外的试验。

每当企业引进一项新的技术或流程时，总会有一个学习循环来帮助完善这项创新，供应链中的区块链也不例外。事实上，正因为许多区块链试点都是在真实的企业中而不是在实验室里完成的，因此几乎可以肯定，区块链的主要进展都来自商业合作伙伴从这些区块链试点中汲取的经验教训。

当一个试点正常进行时，你可以考虑以下四个基本选项：

- 终止；
- 调整；
- 部署；
- 扩展。

一个试点至少持续几个月，但是评估在试点开始时就启动了。事实上，在很多情况下，从部署过程中得到的经验教训与可能会在试点结束后进行的分析同样重要，甚至更加重要。例如，堪萨斯南方铁路公司最初的试点项目被搁置，因为该公司确定，要想创建一个精确的平台运行全景图，就需要更多的供应链合作伙伴参与进来。

终止

当试点结果证明区块链不是必需的时，恰当的做法是从中汲取经验教训，然后进行其他项目。例如，我们研究过一家跨国消费品公司，我们很快就明显地看出，该公司开展的关于供应链的两个试点不会带来规模化应用区块链的机会。

其中一个试点用来测量为该公司的产品供应原材料的农户对环境的影响，试点的目标是识别那些能效最高的农户，并帮助其他农户改善能效，同时也让消费者看到企业在可持续发展方面付出的努力和投入。但是，尽管他们选择了其供应网络中最简单的用例—— 一个农户提供一种原材料给一家工厂，但他们很快就意识到它太复杂了，以至于无法提供有意义的结果。来自这个农户的原材料会与来自其他农户的原材料混合，所以没有哪种成品只含有来自这个农户的原材料。

同样，计算一个特定批次的原材料所消耗的能源也被证明是富有挑战性的。供应这批原材料的大多数农户都种植多种农作物。因此，这些农户消耗的能源（包括水、电、柴油等）必须在所有农作物上进行分摊。为一家农户这样做是行得通的（而且并不真正需要区块链），但大规模地做这件事是不现实的。

另外一个看起来无法规模化的试点是与铝材供应商合作将一个可扫描的条形码放到每件产品上，这样就可以显示产品使用了多少回收材料。虽然这是通过区块链完成的，但是与现有的方法相比，它并没有在收集和共享信息方面展现出明显的优势。

然而，通过这两个试点，企业获得了关于区块链的实战经验，这会对其他用例产生帮助。他们告诉我们："我们在进行下一个试点之前，应该花些时间评估这个试点。它能否规模化？如果我们进行这些试点的目的是从中学习，那么我们从一个试点中学会了哪些我们能够应用于下一个试点的东西？"

调整

托马斯·爱迪生（Thomas Edison）一直在那个通体发光的东西（白炽灯）上遭遇失败，但是每次失败都使他离那个绝妙的想法获得成功更近一步。他不断地调整，不断地从失败中汲取经验教训。那些没有为供应链带来完全符合预期或大受欢迎的结果的区块链试点可能仍然展示了足以要求进行第二次尝试的前景。

试点结果可能会证实需要更多的合作伙伴，需要更多的或不同的数据，或者需要调整平台的编码或管理方式，或者试点的时机不太恰当（要么是因为所需的合作伙伴还没有准备好参与进来，要么是因为还有需要克服的监管障碍）。

部署

如果试点结果显示，区块链以一种独特的方式解决了某个商业问题，而该问题并不能被现有的系统以同样的方式很好地解决，那么现在是时候更加全面地部署区块链并尝试其他合适的区块链试点了。如果不需要遗留系统作为区块链解决方案的补充，那么现在也是时候考虑淘汰掉在实现相同或相似的目标时效率和效益均较低的那些系统了。

基于第 1 章讨论过的基准研究，我们能够分析供应链中区块链试点的驱动因素。哪些因素能或不能驱动区块链试点的启动？有趣的是，我们发现管理层的参与和准备就绪的团队是区块链试点成功启动的强有力的驱动因素。好消息是我们在调研中发现，企业高层和管理层的参与程度很高，对区块链也很感兴趣。不幸的是，正如前文提到的，我们也发现企业通常还没有一个准备就绪的区块链试点团队。考虑到它作为一个关键的成功因素的重要性，这是一个在用例和试点的设计阶段值得关注的事项，这也是我们在前面的章节里专门介绍如何组建一个合适的团队的原因。所以，如果你已经进展到了这一步，那么你应该已经有一个准备就绪的团队了。

在图 15.1 中，“+”表示必要的事情，“-”表示无关紧要的事情，“+/-”表示可能是必要的事情，也可能是不必要的事情。

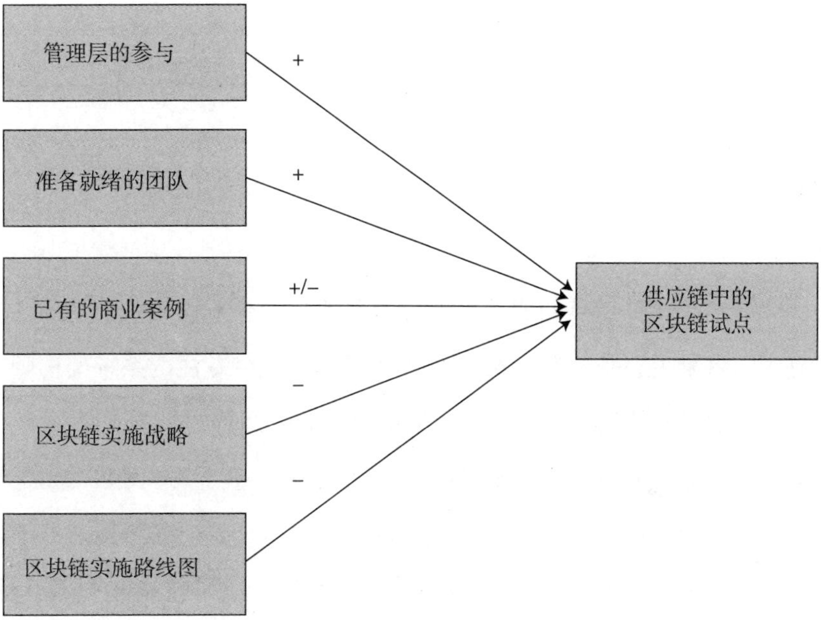

图 15.1　区块链部署框架

有一个创建好的商业案例虽然没有拥有一个准备就绪的团队那么重要，但它仍然是很重要的。在我们的统计分析中，一个完全成熟的区块链部署战略和路线图并不被认为是重要的成功因素。这表明，在区块链部署的初期阶段，在一个更加正式的区块链部署战略和路线图被制定出来之前，进行试点和测试、学习和失败可能是必要的。这是一个好消息，因为它减少了启动区块链试点时的内部阻碍。

在试点成功之后，一个更加健壮的商业案例就值得被创建了，以证明其对企业的价值。这也是更加严格地定义区块链管理的有关问题的时候了。那些被处理过的信息的生命周期是多久？哪些信息是公开的？哪些信息是共享的？哪些信息是私有的？是否每个人都同意遵守相同的审计规则？IBM 的格尔森说：“这类问题不会在试点中出现，它们会在试点成功之后的下一个阶段出现。”

扩展

供应链中区块链试点的成功会不可避免地带给企业使用该技术的更多选择。对入门者来说，那些曾经被迫在用例目标上保持专注的系统架构师，现在开始急切地发掘他们在这个过程中创造出来的被搁置的想法。

下一个问题变成了“还有谁能够从这个平台中获益”。例如，如果只有一个农户和一个分销中心参与了试点，那么现在可能是时候将试点范围扩展到供应链中每个可用的农户和分销中心了。而且，如果它能够应用于杧果，那么也许现在是时候试着将其应用于木瓜或生菜了。例如，截至 2018 年第四季度，沃尔玛的区块链试点范围从杧果扩展到了 30 多种食品。

用例也可以扩展到供应链中新的部分。例如，马士基协助开发的区块链平台最初只关注从非洲到欧洲的鲜花运输，但是该平台的成功带来了其他产品（如饮料）的用例及其他物流公司（如铁路公司）的用例。帮助其他企业解决其在供应链中的痛点可能会带来业务扩展或新的业务，甚至提高供应链生态系统的整体效率。

区块链还具有在复杂的供应网络中以之前从未成功过的方式来扩展流程的功能。扬纳斯说食品供应的情况就是如此。他告诉我们：“我们现在所做的是与大型企业一起多产品、成规模地做这些事情，并证明它是可以规模化的……没人在区块链上有像我们这么多的食品。这是真实系统中的真实数据，不是胡编乱造的。它也不是试点数据，因为我们已经不处于试点阶段了。”

扬纳斯喜欢他在食品安全领域里看到的结果，但令他更加兴奋的是区块链最终会如何改变整个供应链。他说：“人们将区块链与食品安全联系在一起，但那只是冰山一角。你们从我这里听到了一些区块链的好处，这很棒，而且我为此感到高兴。我还看到了区块链在更加智能的供应链中的价值。”

马士基或许提供了扩展区块链应用规模的最佳示例。这家航运公司在一开始与 IBM 一起合作开发所谓的“航运信息管道”。后来，它发展演变成了 TradeLens 平台，这已经超出了成功试点的范畴，马士基实际上试图围绕着一个真实的商业计划构建一个广阔的平台。而“发展演变”是真正的关键词，因为随着马士基和 IBM 开始与更多的合作伙伴及潜在合作伙伴开展合作，与这个项目有关的几乎所有事情都发生了变化。事实上，就连 TradeLens 平台的所有权协定也从双方合资变成了更具合作性的模式。这种合作模式使早期接纳者获得了公平的机会和管理权限，强调平台的开放特性，并开始提供不仅限于马士基的甚至不仅限于航运的解决方案。怀特告诉我们：

“IBM 和马士基走到一起的目的是建立一个开放的、中立的行业平台。我们决定采用这种合作模式，这使一些问题能以更广泛的方式予以解决。我们之间的对话仍然很激烈，甚至与一些有顾虑的参与者之间的对话也很激烈。我（在 2018 年）花了很多时间来确保我们在如何实现这个目标上达成一致，最重要的是与我们的董事会中所有的供应链生态系统参与者进行沟通。”

当马士基和 IBM 在 2018 年 8 月发布 TradeLens 平台的更新时，已经有 92 位参与者加入了早期使用者计划，而且每周还有新的注册用户。怀特告诉我们：“我不知道 92 这个数字是好是坏。”他还说，比参与者数量更重要的是：

“供应链生态系统参与者的范围扩大了，从港口和码头到内陆运输服务提供商，再到海关代理……我们已经开始让海运承运人和区域承运人参与进来，因此对话机制已经发生了相当大的变化。当时（2018 年 8 月），我们的平台记录了大约 1.54 亿条货运信息，而且以每天近百万的速度增长……我认为这反映了平台上可用信息的广度，以及整个行业对尝试为我们所从事的业务寻找解决方案的高度参与。”

换句话说，TradeLens 平台在扩展规模之后开始有了一些势头。

有趣的是，当你拥有更多的参与者时，更多的客户会参与进来，而这些客户又会将他们的一些运输合作伙伴带进来，最终你的数据会变得越来越丰富。而且，这也确实有助于我们继续发展演化这个平台。这些早期注册的参与者的确在尝试塑造平台方面帮助了我们，因此我们称之为“早期使用者”。

这些早期使用者不仅协助定义了区块链可能执行的实际功能，而且还协助定义了平台的治理方式和未来。怀特说，TradeLens 平台已经成立了一个行业咨询委员会来审核区块链平台产品的路线图，以确保它满足市场需求，并解决协作标准和互操作性等方面的问题。

怀特意识到，随着 TradeLens 平台和市场上其他可选的区块链平台的不断成长，TradeLens 平台可能不得不与它们合作。否则，在高度开放的供应链中的参与者——那些有很多上下游合作伙伴的参与者，将会因为需要投资并使用多个平台而不堪重负。怀特说：

“我们知道现在有很多区块链项目。我只能想象供应链领导者在尝试评估和识别所有这些区块链项目时所经历的一切……到目前为止，我们还没有看到任何其他区块链平台真正接近拥有广泛的业务范围的 TradeLens 平台，但是未来很难说。没有人能预知未来，但是我们很难想象以后要应对任何问题或机遇时都只有一种解决方案。我们在成长和发展，但是我们不打算自行开发所有的解决方案。”

这些解决方案可能会与 TradeLens 平台合作，也可能成为 TradeLens 平台上的新应用程序。

怀特指出，未来充满了各种可能性，扩展一个区块链项目是一个非常需要耐心、韧性和灵活性的过程。他说：“我们在短时间内取得了很大的进展，但是你知道吗？我们还有很长的路要走。从承运人的角度来说，从我们现在的市场地位到获得全球贸易的主要份额，还有很长的路要走。”

当然，伴随着规模化而来的是新的挑战。在一个小规模的、控制良好的试点里既低成本又快速的东西，在规模扩大之后可能会变得昂贵且缓慢。构建一个数据丰富的环境需要额外的参与者，但这也增加了平台功能和平台治理这两个方面的复杂性。而急于求成往往是以牺牲应有的审慎为代价的。怀特说：

“如果我们现在不够审慎，我们就会再次遇到过去基于纸质文件的人工流程中出现的问题，得出同样复杂甚至更加复杂的数字化解决方案。我们要继续专注于这些事情，并且使之尽可能地标准化和开放化，以便其他企业参与进来，这真的非常重要。这样一来，我们就能把时间花在提升价值上，而不仅仅是试图寻找在各方之间整合信息的方法。”

本章要点

- 每当企业引进一项新的技术或流程时，总会有一个学习循环来帮助完善这项创新，供应链中的区块链也不例外。
- 当一个试点正常进行时，你可以考虑四个基本选项——终止、调整、部署或扩展。
- 当试点结果证明区块链不是必需的时，恰当的做法是从中汲取经验教训，然后进行其他项目。
- 那些没有为供应链带来完全符合预期或大受欢迎的结果的区块链试点可能仍然展示了足以要求进行第二次尝试的前景。
- 如果区块链以一种独特的方式解决了某个商业问题，而该问题并不能被现有的系统以同样的方式很好地解决，那么现在是时候更加全面地部署区块链并尝试其他合适的区块链试点了。如果不需要遗留系统作为区块链解决方案的补充，那么现在也是时候考虑淘汰掉实现相同或者相似的目标时效率和效益均较低的那些系统了。
- 在试点成功之后，一个更加健壮的商业案例就值得被创建了，以证明其对企业的价值。这也是更加严格地定义区块链管理的有关问题的时候了。
- 供应链中区块链试点的成功会不可避免地带给企业使用该技术的更多选择，包括新的功能和新的合作伙伴。
- 扩展一个区块链项目是一个非常需要耐心、韧性和灵活性的过程。

第 16 章

链之外

供应链的未来将会包含区块链。现在，我们更加关注的是“度”的问题。区块链会成为那些曾经略微改变过产品进入市场的方式的众多技术中的又一种吗？或者说，它会带来翻天覆地的变化吗？

正如我们所看到的，区块链具备通过提供更强大的可视性来改善供应链流程的潜力。

但更重要的是，它能够使整个供应链及其成员更擅长把事情做得更好。事实上，这是区块链最终可能会对供应链产生的最大潜在影响，它可能会推动对现有流程和新流程的持续改进，无论是在库存管理、需求管理、供应管理、运输管理等方面，还是在行业的任何其他方面。

尽管企业越来越多地在其供应链中运用持续的流程改进方法（如供应商开发项目），但大多数企业仍然主要关注内部工作流程改进。此外，这些项目仍然主要由供应链中的某一家企业集中控制和拥有。其结果不过是对供应链的某些片段的改善，这些改善对供应链整体的实际效果可能会很小，甚至可能会引起供应链整体的退化。事实上，这就是典型的局部优化，而不是全局优化。

在区块链所具备的去中心化、点对点、单一事实来源及分布式所有权等特性的共同作用下，持续的流程改进及学习开始从企业层面转向供应链层面（见图 16.1 右上象限）。区块链将支持供应链甚至复杂的动态供应网络中的各方了解和分析与企业相关的所有流程。关键约束（即便一切进展顺利，也会阻碍供应链实现其目标的限制因素）可以被更容易地识别出来，从而使供应链中的主要参与者能够通过协作解决该约束，而不是在供应链中许多无谓的事情上浪费时间。

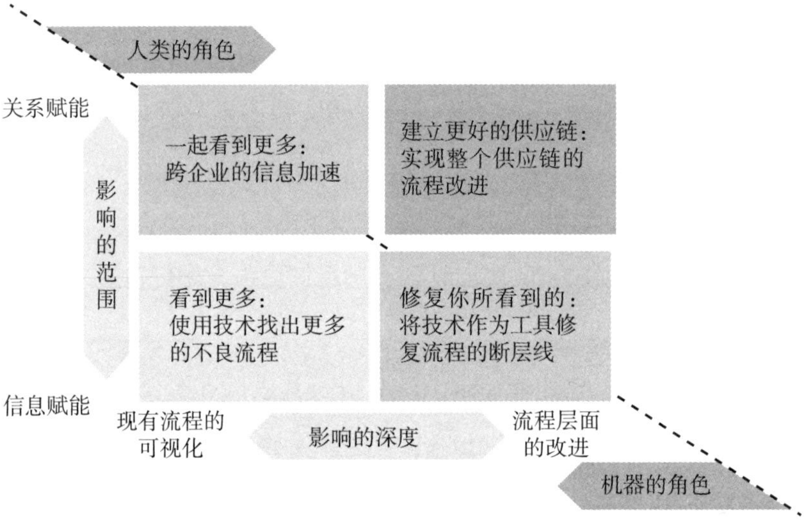

图 16.1　区块链对供应网络的影响

从何处开始

与任何风格（无论是精益、六西格玛、敏捷还是设计思维）的流程改进经理交谈，他们都会告诉你，任何流程改进的第一步都是了解客户。第二个至关重要的步骤是掌握当前的状况，这通常是通过使用可视化流程图或价值流图来启动的。这个步骤如此重要的原因是它向你提供了一幅全景图，使你可以了解供应链的当前状况。无论是展望供应链的美好未来，还是进行必要的改进以实现这种愿景，了解供应链的当前状况都是必要的。

正如前文所述，供应网络图的绘制要比制造工厂或配送中心流程图的绘制更具挑战性，也更加复杂。尽管许多企业已经开展了绘制流程图的练习，并且拥有了内部运营、战术和战略等方面的流程图，但是很少有企业能够为自己的供应链绘制流程图。一家企业通常有成百上千家供应商，每家供应商又有数量众多的供应商、承运商和服务提供商。

一些企业可能会有一级供应商的名单，但是拥有一张可以一直回溯到产品源头的供应网络图则是罕见的。更罕见的是完全了解其中复杂性的供应链管理者。最近，源于麻省理工学院媒体实验室（MIT Media Lab）研究项目的初创企业 SourceMap 等企业可以提供将整个供应链可视化的能力，但是做出来的大多是静态图，而且远远没有达到完善的程度。

在供应链上采用和部署区块链将为获取实时动态更新的供应网络图提供必要的手段和方法。当企业凭借基于区块链的供应链流程图掌握了供应链的当前情况时，浪费将会通过流程改进的原理、技巧和工具被识别和处理。因此，当企业想要改进其供应链流程时，它们能够快速轻松地访问基于区块链的供应网络图，启动流程改进活动。

例如，正如前文所述，所有的改进都是以深入了解供应链的终端消费者的需求及供应链需要为他们增加的价值为开端的。区块链的特性促进了海量的消费者数据在供应链上共享。区块链提供的数据是客观可信的，因而对供应链参与者来说更加可靠和更具代表性，使它们能够从实证的角度更好地从总体上了解消费者和独特的消费群体。有了对供应链的特定消费群体的价值取向的深入了解，企业就能采取措施消除供应链中首要的非增值活动。例如，一些消费群体可能会高度重视前置时间的缩短，而另外一些消费群体可能会更加重视成本的降低。如果区块链上的所有供应链活动都有近乎实时的可视性，管理者就能更好地识别和消除运输、生产和采购等环节中的延误，并根据消费者的需求加快交付速度或降低成本。

功能改进

除了提供用于启动重要流程改进项目、将供应链可视化的能力，基于区块链的实时可视性还提供了可用于改进流程的额外的重要功能。

在流程管理经历了数十年的发展之后，研究人员和专家总结出了在流程管理与改进中十分重要的两条核心原则：

- 问题总会出现；
- 因为问题总会出现，所以它们必须立刻被展示出来。

我们敢打赌，你一定被这个惊天动地的见解震撼到了。好吧，这可能看起来并不是什么了不起的发现。丰田公司理解这些原则，并且尽一切所能使其流程透明可见。流程中常常会出现问题，等到它们被察觉往往为时已晚，从而给企业和供应链造成了严重的破坏。基于区块链的可视性支持企业对流程中出现的问题进行实时探测。

大多数企业都努力地掌控其流程，但难以获得成功。讽刺的是，供应链中流程的可视性反而越来越差。以前人们在供应链中使用纸质文件来处理和追踪业务活动，现在人们使用供应链信息系统和数据库。但是，我们不能像在纸质文件系统里那样方便地查看数据。纸质文件提供了某种程度的有形性，我们能够触碰到它。现在，供应链中的活动越来越多地以一种神秘且不可见的方式进行。因为它们是不可见的，所以当事情出了问题时就难以被发现。在会议中经常被提到的一个问题是“某某事情进展得怎么样了”，其回答通常是被询问者的茫然的眼神和沉默。而且，当某个流程托管于某个地方的某台神秘莫测的云端服务器时，我们很难进行“这个流程应该是什么”之类的沟通。

如今，供应链的复杂性使回到纸质文件时代这个建议明显成了一个愚蠢的建议，因为有太多的不断变化的部分和数据了。但是，现有的供应链系统在数据缺失、数据不准确和缺乏信任等方面存在很多缺点。

基于区块链的可视性可能有助于供应链系统克服这些缺点。它提供了更精确地全面采集当前情况的功能。再一次强调，这是所有改进的基础。而且，它能使企业以一种可信且有效的方式对这些流程进行可视化管理。可视化管理使我们能够轻松地看到实际发生的事情是否符合标准。当不符合标准的情况一目了然时，我们就可以轻松快速地做出反应。我们必须知道而且必须能够方便地看到发生的事情是符合标准的（应该发生的事情），还是不符合标准的（一个问题）。这样一来，我们就能更快速地开展因果分析，从而逐步提升质量。

例如，当一种零部件在供应链的早期阶段出现缺陷或一种食品被污染时，你显然可以快速地清除那些受到影响的零部件或食品，甚至可以在它到达消费者手中之前完成。更重要的是，这个问题更快地展现使你能够更快速地开展因果分析，找出造成问题的首要原因，进行小规模的试验并分析区块链提供的数据，以评估供应链的状况。更棒的是，区块链允许数据在供应链上共享。如果区块的创建速度可以跟得上，所有企业的数据就能以高频率（可能是每分钟）被轻松地获取。

这些以不可篡改的格式记录的近乎实时的数据可以支持方差分析，可以在问题出现之前识别出相关流程何时会失控。方差分析（也许是通过六西格玛控制图完成的）提供了以下信息：产品规格（如食品安全指标）的方差是自然的波动，还是反映了某个流程（如冷藏）正在走向失控，以及在问题出现之前是否需要进行更深层次的检查。

接下来是什么

擅长持续改进的供应链管理者会想方设法地让流程变得透明可见。他们投入资源去捕捉、记录他们所做的事情，这样做的一个主要好处是所有人对流程和策略都有共同的理解。一旦所有的事情都摆在明面上，你就能决定前进的方向及如何改进流程。随着时间的推移，这会让你变得越来越好。即使微小的改进也会随着时间的酝酿创造出真正的竞争优势。因此，区块链能够成为持续改进的强有力的驱动因素，这就是它可能创造出来的翻天覆地的变化。

当然，对供应链领导者来说，区块链的未来仍然有一些模糊。但是，正如本书所展示的，这些潜在的改进值得投资。这些投资可能会带来一些麻烦，可能会让我们走进一些死胡同，甚至把我们带入陷阱。然而，它们最终会为供应链带来一个前所未有的、更加美好的未来。

附录 A

准备好你的荧光笔

毫无疑问，你在阅读本书时手里一定拿着钢笔和荧光笔，疯狂地做着笔记，并标记出那些让你产生疑问或能为你的特定情况提供答案和探索方向的段落。当你合上本书时，我们希望你不要把它放在书架上吃灰，而是希望当你在思考区块链在自己的供应链中的作用时能够经常地查阅那些笔记。事实上，我们相信，当你在全面考虑任何一种新技术可能会如何影响自己的供应链中的连接时，这本书肯定会派上用场。

本附录应该是一个便于着手寻找所学经验教训的所在。现在，让我们来对比一下各自的笔记，如何？以下是对我们在访谈、案例研究和理论研究中的一些重要发现的总结。在你感到有必要的时候，你可以补充内容并使用它来改善自己的供应链流程。

用例开发的注意事项

我们的案例研究的结果提供了管理者在开发供应链中的区块链用例时的若干注意事项。

- 区块链是一个使能器，但不是解决方案本身；要避免“等待问题的解决方案”所带来的风险。
- 围绕区块链的炒作会产生一些积极的效果，它能够被用来引起高层的兴趣。
- 成功没有捷径；如果你只有糟糕的数据，那么区块链只会让你更好地看清楚这些糟糕的数据。
- 内部驱动因素远比外部驱动因素重要。尽管客户的想法很重要，但项目也可以自发启动。与 RFID 技术不同，很多区块链试点并不是由客户的请求或命令推动的。
- 关注流程和人员，而不是技术本身。这能降低区块链成为一个“等待问题的解决方案”的风险，并有助于阐明这样一个事实：拥有一个准备就绪的团队是成功的一个关键因素。

区块链的底层技术既不新也不难。对一个用例和一个可行的试点来说，更重要的是找到一个使区块链具备潜力的业务流程，并且找到真正愿意投身其中的一支团队和利益相关者群体。

——IT 经理

- 在确定业务流程时，要把关注点放在一个有多个组成部分的流程上，在该流程中实现更高水平的可视性可以提高供应链的效能。在这样的背景下，在利益相关者之间实现更高水平的可视性的可能性拥有巨大的价值。

- 在确定一个用例的合作伙伴时，要关注一批愿意并能够投身其中且彼此之间已经存在高度互信的利益相关者。
- 不要将利益相关者的范围局限于某个职能部门的内部合作伙伴，而应涉及供应链的不同职能部门（如采购、物流、运营、IT、商务、客户服务等），并且应同时考虑到供应商和供应链下游的合作伙伴。外部专家或顾问的参与可以加速用例及试点的开发，并且有可能为试点提供资金支持。
- 不要将效率的定义局限于速度和客户服务。尽管这些都是区块链的潜在优势，但还有其他重要的因素，包括环境可视性、减少假冒伪劣产品、降低行政管理成本和保障食品安全。

试点设计的考虑因素

以下建议有助于你管理区块链的试点设计工作。

- 不要专注于淘汰现有的技术。相反，要去探索现有的技术如何为区块链试点提供输入。区块链的主要作用有可能是让现有的技术变得更好。用区块链加速试点的爬坡阶段，而不是用它毁掉现有的基础设施和已经打好的基础。区块链可以受益于很多现有的技术，并提高它们的价值、增强它们的用途。

- 不要以实现不良流程的自动化为目标。如果你这样做了，那么最终你将得到自动化的不良流程。你应该寻找存在改进机会的流程，使用区块链修复这些流程，而不是简单地实现既有流程的自动化。
- 保证试点团队精干、试点范围有界、试点规模可控。
- 虽然顾问肯定有助于在内部推广区块链并增强团队的实力，但是团队不能过度依赖他们。否则，你可能会无法推动内部学习和能力开发，从而无法在试点以外的范围维持区块链的应用。
- 无论是在专业知识方面，还是在人格特质和情商水平方面，团队的构成都很重要。

在我们的团队中有一些现实主义者，他们会提出一些尖锐的问题，使我们保持诚实、不被炒作所煽动，这对我们来说很有帮助。组建一个自愿的联盟，确保利益相关者迅速地行动起来，这也非常关键。一些利益相关者还没有准备好在区块链试点中前进，我们不得不将它们排除在外。我们模拟了它们在供应链中扮演的角色。

——供应链经理

试点结束后的注意事项

区块链仍然是一项新兴技术，而且区块链的大多数试点将以找到一些问题的答案的形式结束。以下是在经历了初始试点阶段之后需要进一步学习的几个方面。

- 停下来总结试点的经验教训。例如，在我们研究过的一家企业里，该企业的领导者对区块链的兴趣迅速增强，他们迫切地想要结合 IT 去试验新的用例。

在我们转向下一个试点之前，我们应该花一些时间来评估一下当前这个试点。它能否规模化？若我们开展这些试点是为了从中汲取经验教训，那么我们从当前这个试点中学到了哪些可以应用于下一个试点的经验教训呢？

——IT 经理

- 自动化和信息化的好处在试点中经常可以见到，但是变革性的好处很少见。就区块链的部署框架而言，大多数试点的结果是“看见更多的不良流程”或“一起看见更多的不良流程”，一些试点还会进展到“修复我们看见的不良流程”。但是，很少有使用区块链来构建更好的供应链的例子，其中一部分原因是很多试点的范围被刻意地缩小了。
- 一个成功的试点将产生能否及如何规模化的新问题。

从一家材料供应商扩展到多家材料供应商可能会带来供给侧数据输入需求的爆炸式增长，但是这些供应商可能还没有做好按时保质地提供数据的准备。而当价值链更下游的多个合作伙伴通过各种不同的专有解决方案要求提供更多的数据时，这无疑会增加供应商的成本和管理的复杂度。

——沃尔玛高级副总裁卡梅隆·盖格

- 企业高层的兴趣和管理层的参与可能足以启动一个区块链试点。由于试点的投资很少，高层和管理层可能并不需要一个完整的商业案例。

然而，当从试点转向大规模应用时，他们无疑需要一个更加详细的商业案例。

- 技术上的局限性可能会在试点结束后凸显出来。大规模的区块链应用对计算能力的需求可能会达到一个高点，这时区块链的处理速度反而会被拖慢。
- 虽然技术顾问肯定有助于在内部推广区块链并且增强团队的实力和能力，但是团队不能过度依赖他们。否则，你可能无法推动内部学习和能力开发，从而无法在试点以外维持区块链的应用。

与 RFID 技术的对比

除了试点设计的注意事项，我们的研究工作还揭示了区块链试点有别于 RFID 试点的一些独有的特点，具体如下。

- 区块链试点的成本通常远低于 RFID 试点的成本。RFID 试点需要硬件方面的投资，但大多数区块链试点都只涉及些许管理时间的投入和少量的编程预算。
- 区块链试点可以更快地推进。启动和运行区块链试点所需的编程工作通常只需要花费几周的时间（6~8 周）。启动一个 RFID 试点通常需要更多的时间，因为你需要引进硬件设备并设置物理测试环境。
- 区块链试点的成本和收益更加平衡。在 RFID 的部署过程中，零售商往往会获得更多的收益，制造商则会承担更多的成本。

危险信号

采纳区块链所面临的九大障碍分别是协作、标准化、互操作性、官僚主义、竞争的本能、不可更改性、安全性、无用数据的输入和成本。

当区块链与 IoT、数据分析、机器学习和 AI 等技术相结合时，它对供应链来说将变得更加强大，其被采纳的速度也会加快。

我们研究过的那些没有迈向部署阶段的试点通常具备以下几个方面的特征。

- 错误的合作伙伴。重要的成员没有参与试点，或者无法参与规模扩大的试点。
- 缺乏互信。即使在一个可信的区块链环境下，也不存在设计一个数据共享平台所需的最基本的信任。
- 治理不善。区块链仍然是封闭的，由一个占据主导地位的供应链成员所控制，而且不为弱小的上游供应链合作伙伴效力。
- 互操作性不足。技术推广所需的多个供应链成员都在开发不同的区块链平台，因此各方都在拭目以待，看看不同的区块链平台能否及如何协同工作。
- 缺乏标准化。有关技术标准的关键问题仍未解决。
- 缺少相应的法律法规。政府部门及相关机构仍要持续努力，以解决监管问题。

图 A.1 展示了一个制定决策的概括性框架。

用例的注意事项

（1）专注于企业内部，着眼于创造客户价值，但又不被客户的强制命令所左右

（2）专注于发现合适的流程和团队

（3）专注于参与者多元化的流程

（4）专注于那些愿意并能够投身其中的利益相关方，但不要让团队规模过大

（5）让供应链上下游的各方参与进来，聘请咨询顾问以便于更快地获取其他人的经验教训及编程支持

（6）思考成功的定义，不仅要关注效率，还要关注可持续性和收益或对客户的影响

试点设计的注意事项

（1）不要专注于淘汰已有的技术，应将其引入区块链平台来进一步增强平台，并且利用已有的技术超越其当前的应用（例如，从中获取更多的数据和信息资源，而不是替换掉它）

（2）不要实现不良流程的自动化，要通过试点来修复它

（3）团队不能过分依赖咨询顾问

（4）保持试点精练而有针对性，使用待办事项清单来避免试点范围蔓延

（5）团队构成要合理（例如，一个现实主义者会对团队有所帮助）

（6）在试点结束时建立学习循环

（7）在试点阶段并不需要完整的区块链实施战略和路线图

区块链需要进一步研究的领域

（1）收益的规模；是仅仅在行政管理和信息化方面获得好处，还是同时可以推动变革

（2）扩大应用规模的能力有哪些

（3）如何开发一个商业案例来验证大规模部署区块链所需的投资额

（4）技术方面存在哪些局限性？是计算速度需要提高，还是互操作性需要增强

（5）对于国际化的供应链，适度关注正在进行的标准制定工作

在整个试点阶段摇摆不定的想法

（1）区块链是改进的赋能器，而不是解决方案本身

（2）思考利用围绕区块链潜力的炒作来激发人们对试点的兴趣

（3）成功没有捷径可走；为了使区块链发挥作用，我们需要开始重视那些难以解决的基础问题，如基础数据的质量、协作关系的紧张、最优流程的不当应用等

（4）技术顾问在何处发挥作用？利用炒作使管理层对区块链产生兴趣

（5）炒作在什么时候不起作用？在弄清楚如何从感兴趣转向应用时（这是目前大多数企业感到茫然的地方）

图 A.1　制定决策的概括性框架